Jacques Bainville

Jacques Bainville

L'Angleterre et l'Empire Britannique

Jacques Bainville

Publié par Omnia Veritas Ltd

OMNIA VERITAS

contact@omniaveritas.org

www.omniaveritas.org

Table des matières

Préface W. Morton Fullerton
La Toussaint,1937..............................13

Chapitre 1 - L'Angleterre depuis dix ans

L'Action française, *13 avril 1914*....................20

Chapitre 2 - Le Roi George V et la Reine Marie

L'Action française, *21 avril 1914*....................26

Chapitre 3 - Après les fêtes

L'Action française, *25 avril 1914*....................29

Chapitre 4 - L'Angleterre et la papauté

L'Action française, *24 novembre 1914*..............36

Chapitre 5 - Honneur et intérêt

L'Action française, *13 mars 1915*....................38

Chapitre 6 - Les anglais et la guerre

L'Action française, *27 Mars 1915*....................43

Chapitre 7 - La leçon d'Héligoland

L'Action française, *4 juin 1916*......................47

Chapitre 8 - L'Angleterre qui combat et qui pense

L'Action française, *29 septembre 1916*..............49

Chapitre 9 - Le triumvirat anglais et M. Lloyd George

L'Action française, *7 décembre 1916*................54

Chapitre 10 - Le sous-marin ressuscite l'agriculture

L'Action française, *9 mars 1917*....................56

Chapitre 11 - Le cas de Lord Lansdowne

L'Action française, *13 Mars 1918*…...……………..60

Chapitre 12 - France et Angleterre

L'Action française, *29 Mars 1918*…...……………..64

Chapitre 13 - À Londres et à Weimar

L'Action française, *5 juillet 1919*……...…………...67

Chapitre 14 - La convention du 17 septembre et la bible

L'Action française, *22 septembre 1919*……...………70

Chapitre 15 - Le père du traité

L'Action française, *25 septembre 1919*……...………72

Chapitre 16 - Pour "sauvegarder nos alliances"

L'Action française, *19 février 1920*……...…………75

Chapitre 17 - Les adieux de M. Paul Cambon

L'Action française, *25 décembre 1920*……...………80

Chapitre 18 - Le choix du successeur

L'Action française, *22 Mai 1923*………...………....83

Chapitre 19 - L'empire britannique

L'Action française, *25 mai 1923*…………...……....85

Chapitre 20 - La Revue de Spithead

L'Action française, *27 juillet 1924*……...…………87

Chapitre 21 - La France jetée par l'Angleterre dans les bras de l'Allemagne

L'Action française, *8 mai 1925*……...……………90

Chapitre 22 - L'Angleterre et le retour de M. Caillaux

L'Action française, *27 avril 1925*…...……………..92

Chapitre 23 - Les véritables soucis de M. Chamberlain

L'Action française, *26 juin 1925*..............94

Chapitre 24 - Sous l'œil des banquiers anglo-saxons

L'Action française, *27 novembre 1925*..............96

Chapitre 25 - À l'instar des Anglais

L'Action française, *30 novembre 1925*..............98

Chapitre 26 - Le désarmement. Quantité et qualité

L'Action française, *7 décembre 1925*..............100

Chapitre 27 - Le pari de l'Angleterre

L'Action française, *21 décembre 1925*..............102

Chapitre 28 - Le gribouille anglais

L'Action française, *6 mai 1926*..............104

Chapitre 29 - L'Angleterre et l'Égypte

L'Action française, *29 mai 1926*..............107

Chapitre 30 - Le Royaume qui n'est plus "uni"

L'Action française, *23 novembre 1926*..............109

Chapitre 31 - Remarques quotidiennes

La Liberté, *17 décembre 1926*..............111

Chapitre 32 - Crépuscule des nations blanches

L'Action française, *4 février 1927*..............113

Chapitre 33 - La querelle des croiseurs

L'Action française, *16 février 1927*..............115

Chapitre 34 - L'Angleterre et les Soviets

L'Action française, *25 février 1927*..............117

Chapitre 35 - La girouette de M. Garvin

L'Action française, *1ᵉʳ mars 1927*…..…….....…..…119

Chapitre 36 - La lutte de l'Angleterre et des Soviets en Asie

La Liberté, *29 Mars 1927*………………………...121

Chapitre 37 - L'Angleterre et le front commun contre les Soviets

La Liberté, *10 avril 1927*…………………………123

Chapitre 38 - Rule, Britannia !

L'Action française, *9 avril 1927*………....…….…..126

Chapitre 39 - Le vote des femmes

La Liberté, *15 avril 1927*…………...…………..…128

Chapitre 40 - État de "guerre non déclarée"

L'Action française, *31 mai 1927*…………….....…130

Chapitre 41 - Les puissances coloniales sur la défensive

La Liberté, *4 juin 1927*………....………..……...132

Chapitre 42 - La vendetta irlandaise

La Liberté, *12 juillet 1927*………....…..………....134

Chapitre 43 - Réapparition de Lloyd George

L'Action française, *23 novembre 1927*……...…....136

Chapitre 44 - L'Angleterre et les sanctions

L'Action française, *23 janvier 1928*…...………....138

Chapitre 45 - Film interdit

La Liberté, *23 février 1928*……...……………..…140

Chapitre 46 - L'Angleterre et l'Égypte

L'Action française, *3 mai 1928*..................143

Chapitre 47 - Remarques quotidiennes

La Liberté, *27 juillet 1928*..................145

Chapitre 48 - Le soldat de l'Angleterre et le marin de la France

L'Action française, *2 août 1928*..................147

Chapitre 49 - La maladie de George V

La Liberté, *1er décembre 1928*..................150

Chapitre 50 - Un penseur

L'Action française, *12 décembre 1928*..................152

Chapitre 51 - Manchester contre le tunnel

La Liberté, *13 mars 1929*..................154

Chapitre 52 Les Anglais et la sagesse

L'Action française, *1er avril 1929*..................156

Chapitre 53 - Les Travaillistes et le chômage

L'Action française, *9 juin 1929*..................158

Chapitre 54 - L'élu des jeunes filles

L'Action française, *12 juin 1929*..................162

Chapitre 55 - La liberté des mers

La Liberté, *15 octobre 1929*..................164

Chapitre 56 - Parabole hyperbolique

L'Action française, *8 novembre 1929*..................166

Chapitre 57 - Une doctrine impuissante

La Liberté, *16 novembre 1929*..................168

Chapitre 58 - Le congrès de Lahore

L'Action française, *4 janvier 1930*……..……….170

Chapitre 59 - Pax Britannica

L'Action française, *5 février 1930*……..…..……172

Chapitre 60 - La Maison d'Ucalegon

L'Action française, *15 février 1930*…………......…174

Chapitre 61 - Le rouet de Gandhi

L'Action française, *26 avril 1930*…………...…..176

Chapitre 62 - Service obligatoire et démocratie

L'Action française, *4 juin 1930*…...…………......178

Chapitre 63 - Un livre de 13 000 pages

La Liberté, *15 juin 1930*…………...…………....180

Chapitre 64 - L'Angleterre va sauter un grand pas

La Liberté, *10 juillet 1930*…...……………..…....182

Chapitre 65 - La malédiction des sionistes

L'Action française, *25 octobre 1930*…....…...…....184

Chapitre 66 L'Inde sans les Anglais

La Liberté, *15 janvier 1931*…………....…..………186

Chapitre 67 - Répression ou concessions

L'Action française, *6 mars 1931*……….…..….…..188

Chapitre 68 - L'accord naval et la méditerranée

L'Action française, *13 mars 1931*………...…….....190

Chapitre 69 - L'Inde et l'avenir de l'Angleterre

La Liberté, *18 mars 1931*…………....…………......192

Chapitre 70 - La charte du souverain

La Liberté, *22 Septembre 1931*..................…......194

Chapitre 71 - Le redressement de l'Angleterre

L'Action française, *30 septembre 1931*…….....…......196

Chapitre 72 - Déjà Gladstone...

L'Action française, *7 novembre 1933*…....…..….......198

Chapitre 73 - Élite et public en Angleterre

L'Action française, *23 février 1934*…....…....…......200

Chapitre 74 - Lord Tyrrell et l'École du fait

L'Action française, *27 février 1934*…....….…......202

Chapitre 75 - La même heure à deux horloges

L'Action française, *7 novembre 1934*…....…..........204

Chapitre 76 - L'alarme et l'anxiété

L'Action française, *30 novembre 1934*…....….........206

Chapitre 77 - Deux discours

Candide, *28 février 1935*..............…....…….......208

Chapitre 78 - Le pari du Fuhrer

La Liberté, *9 mars 1935*……....………..……......210

Chapitre 79 - Le réverbère

L'Action française, *13 Mars 1935*…....……….....212

Chapitre 80 - La politique de conciliation

La Liberté, *23 mars 1935*……………..…....…...214

Chapitre 81 - L'oubli du passé?

Candide, *20 juin 1935*................…………....216

Chapitre 82 - Un homme à succès

L'Action française, *22 juin 1935*………...………..218

Chapitre 83 - De Sir John à Sir Samuel

L'Action française, *27 juin 1935*……...….………..220

Chapitre 84 - Le dieu de Genève

Éclair de Montpellier, *25 septembre 1935*………......222

Chapitre 85 - À quoi tient la paix du monde

L'Action française, *20 octobre 1935*………...……...225

Chapitre 86 - La situation diplomatique

Le Capital, *22 mars 1935*………...……...………...227

Préface

Jacques Bainville ou l'art d'avoir raison

W. Morton Fullerton. La Toussaint, *1937*.

DANS quelques pages lucides, où l'intelligence brille, que Jacques Bainville a mises en tête de la traduction d'un ouvrage de Frank H. Simonds, il dit : « Le véritable livre d'actualité est celui qui prend racine dans le passé et se prolonge dans l'avenir. » Aucun ne répond mieux à cette définition que le recueil des articles ici réunis en volume, et auquel j'ai été prié d'ajouter quelques mots d'introduction, vraiment inutiles. Un livre de Jacques Bainville, pas plus qu'une fable de La Fontaine, n'a besoin d'un discours préliminaire. Vouloir écrire une préface pour un tel livre frôle l'outrecuidance de l'homme légendaire qui s'est permis de porter des hiboux à Athènes. Cependant, par piété envers la mémoire de celui qui fut mon ami pendant plus d'un quart de siècle, j'ai accepté d'être cet homme.

Aux premières pages, nous sommes au printemps de 1914, à la veille de la Grande Guerre. Jacques Bainville scrutant l'horizon, y voit poindre la grande collision. Dès ces premières pages, en effet, on remarque les impatiences, l'irritation même de Bainville devant les hésitations, la longanimité des Partenaires « libéraux », trop « libéraux », de l'Entente cordiale. Pour lui, l'Angleterre et la France sont, de moins en moins, des États dignes de ce nom. Étaient-elles, après tout, autre chose que « deux vastes bureaucraties alourdies sans relâche par la manie légiférante de deux assemblées jumelles » ?

La description fut, peut-être, un peu sommaire. En tout cas, Bainville, faisant son tour d'horizon, lut extrêmement découragé. La Triple-Entente, d'après lui, se laissait régulièrement battre en détail dans toutes les grandes parties diplomatiques qui s'engageaient avec le système adverse. Peut-être, à cette époque, Bainville manquait de mesure dans sa condamnation du Péché originel qui paraissait paralyser pour lui l'action concertée des « Curiaces de la Triple-Entente ». Il compare la diplomatie anglaise et la diplomatie française à celle de l'illustre Tartarin, qui possédait une collection complète d'armes terriblement dangereuses, mais qui s'épouvantait à l'idée qu'il était le propriétaire d'un aussi formidable arsenal et qui blêmissait en pensant qu'on pût s'en servir. Mais, ces inquiétudes, ces angoisses, ces colères de Jacques Bainville ne furent-elles pas, après tout, rationnelles et utiles ? C'est qu'au moment d'écrire - moment pour lui presque aussi grave que celui de 1870 - l'Angleterre était réellement livrée à la corrosion du « libéralisme » et, quant à la France, elle était empoisonnée par la « démocratie ».

Ceux de nous qui avons vécu les années d'avant-guerre, avons passé par les mêmes affres que Bainville. Moi-même, au même moment, et même plus tôt, j'étais en train d'exhaler, dans la *National Review*, de Leo Maxse, les mêmes inquiétudes. Mais, lorsque la guerre éclata, lorsque sir Edward Grey, libéral des libéraux, ralliait autour de lui toute la molle et flottante opinion anglaise, nous avions tous oublié, Bainville le Premier et tout à coup, nos méfiances au sujet du libéralisme britannique. Bainville va jusqu'à s'enthousiasmer devant le spectacle d'une Angleterre où ses fautes du passé - ses illusions tenaces, ses sentimentalités terriblement surannées - se réparent à coups de canon. C'est presque d'un ton jubilant qu'un jour Bainville crie, dans une de ses formules plastiques dont il fut coutumier : « Nous voyons aujourd'hui que la guerre agit sur la démocratie autant que la démocratie sur la guerre. »

Pendant une assez longue période, donc, au fur et à mesure que la guerre continue, sa confiance en l'Angleterre se consolide. En même temps sa propre doctrine se précise.

« De même que tout repose, à l'heure présente, sur la liaison des deux armées, dit-il, tout repose dans l'avenir sur l'union des deux pays. » L'Alliance était devenue, en effet, nécessaire à l'existence de l'une et de l'autre nation. Bainville frémit en pensant à ce qui fût arrivé si une guerre véritablement fratricide eut éclaté au moment de Fachoda. Et voici qu'il s'exclame : « L'heure du Chef unique est arrivée ! »

Le Chef unique, on le sait, ne tardait pas... La guerre lut gagnée. Mais un chapitre nouveau s'ouvrit. Il restait à gagner la paix. Neuf dixièmes des pages de ce livre reproduisent les constatations et les réflexions, souvent amères, de Jacques Bainville, en observateur quotidien des déplorables événements qui suivirent le Traité de Versailles, le « mauvais Traité » de Maurras, qui, pour lui comme pour M. Louis Marin, avait donné à la France une paix qui était « au-dessous de sa victoire ». Dès les premiers jours de l'après-guerre, Bainville, définissant la situation créée pour les deux peuples, les Anglais et les Français, par la fin des hostilités, écrivait ceci qui est, sans conteste, un des échantillons les plus caractéristiques de sa claire vision et de sa prévoyance : « L'Angleterre a fini la guerre dès le jour de l'armistice. La puissance maritime de l'Allemagne est brisée. La concurrence allemande est éliminée de la mer. Pour l'Empire britannique, la paix est une paix au comptant, une paix définitive. Pour nous, c'est une paix à terme, qui doit être réalisée au cours des années à venir. Nous avons des ruines à relever, des indemnités à percevoir. L'Angleterre n'a pas de ruines. Son indemnité, elle l'a reçue sous une forme indirecte, néanmoins tangible ; la disparition d'un rival. Est-ce que ce ne sont pas, entre les Anglais et nous, de très sérieuses différences ?... Des situations aussi contraires à tous les égards, des besoins si peu semblables, font qu'on Parle difficilement le même langage entre Français et Anglais. Nos grandes préoccupations ne sont pas les leurs, que nous comprenons peut-être mieux qu'ils ne comprennent les nôtres. Il est probable que plus nous insisterons sur les affaires d'Allemagne, sur la réorganisation de l'Europe et sur l'équilibre européen, et moins l'Angleterre nous entendra. »

À la lecture de cette page d'une si caractéristique perspicacité prophétique, je songe aux causeries, maintes fois renouvelées, entre Bainville, Delcassé et moi-même pendant ces moments angoissants de l'élaboration du Traité de Versailles. Ce furent des colloques tout secrets. C'est moi qui en avais pris l'initiative. Possédant depuis longtemps la confiance du grand ministre, le Richelieu de la Troisième République, de celui, en effet, qui, par l'Entente cordiale avait défait Bismarck, je n'ai pas eu de peine à amener Delcassé à se rencontrer avec un homme dont il goûtait tous les matins la réconfortante sagesse. Bainville, de son côté, ainsi que moi-même, voyait en Delcassé l'homme dont l'œuvre silencieuse d'avant-guerre avait rendu possible la victoire des Alliés. Nous nous rencontrâmes une vingtaine de fois pour de longues conversations et j'ai de ce grand républicain plusieurs lettres écrites après nos échanges d'impressions où il faisait l'éloge du bon sens, du flair, de la probité intellectuelle de son interlocuteur de l'Action française. Il est certain que cette communion confiante entre Delcassé et Bainville a été fort utile pour l'entretien de l'union sacrée entre Français pendant les premières années de la période d'après-guerre. En toutes choses essentielles, l'homme d'État et le journaliste se trouvaient d'accord. Ils se partageaient leurs angoisses. Rien ne ressemble davantage à la page de Bainville que je viens de citer que telles lettres de Delcassé que je retrouve dans la collection que j'ai conservée. Après avoir terminé les hostilités selon la plus inepte des méthodes, la politique des Alliés, comme m'écrivait Delcassé, « a été par trop empirique : ils traitent les questions une à une, alors qu'elles sont liées ». Et l'antienne de ses lettres ne variait guère : « Ah ! Mon ami, comme je tremble pour mes Alliances ! »

Oui, nous nous demandions quelquefois - surtout

après le renvoi du seul homme de France capable de parler nettement aux Anglais, j'ai nommé Georges Clemenceau - si l'alliance franco-anglaise n'allait pas passer à l'état de souvenir, si, pour me servir d'une phrase de Bainville lui-même, les batailles d'Artois et des Flandres n'iraient pas rejoindre au musée la bataille de l'Alma.

Un jour vint, en effet, où Jacques Bainville, littéralement épouvanté par l'insistance de l'Angleterre à tout faire pour relever l'Allemagne business as usual ; let bygones be bygones - met franchement à la tête d'un article : « La France jetée par l'Angleterre dans les bras de l'Allemagne. » C'était le moment où mon vieux camarade de Harvard, Alan Houghton, ambassadeur des États-Unis à Londres, lance son slogan : Peace is an adventure in Faith ; « la paix est une sorte de pari de Pascal, ou, si vous voulez, un pari mutuel international, téméraire sans doute, mais le Starter c'est la Foi ». Vue du continent, l'Angleterre était, en effet, pour certains de nous (mes propres articles, publiés au Figaro pendant toute cette période, montrent combien nous étions d'accord, Bainville et moi), en train de détruire méthodiquement les résultats de la victoire. Que l'Angleterre le regretterait, Bainville l'a bien prévu, et sans ambages il le dit. Jour par jour, il fait le bilan des ravages de Locarno. Il note l'auto-intoxication des Français au fur et à mesure que la collusion entre Stresemann et Briand renforce l'illusion que l'on pourra vraiment s'entendre avec les Chevaliers Teutoniques. Rien de flottant dans sa pensée. S'il se trompe parfois dans les à-côtés de ses observations - dans ses pronostics, par exemple, sur les projets britanniques au sujet de l'Égypte - ce que j'ai appelé sa doctrine demeure solide. Elle ne flanche pas.

Jacques Bainville sait que la « bonne Allemagne » est un mythe. Il sait que l'homme qui a proposé le pacte rhénan des Quatre Puissances, qui prétendait être prêt à maintenir une zone démilitarisée couvrant toute la rive gauche du Rhin, méritait autant de confiance, et non pas davantage, que ses prédécesseurs de 1914, qui avaient violé le traité solennel qui garantissait la neutralité du territoire belge. Il sait que les Alliés avaient commis à Versailles le péché impardonnable, en créant une unité allemande plus forte même que celle de Bismarck, au lieu de reconnaître que pour l'Europe il n'y avait qu'une seule assurance de paix, l'existence d'une Allemagne morcelée, divisée et faible. Et il sait que la « Balkanisation » de l'Autriche-Hongrie, sans la balkanisation de l'Allemagne, avait été l'absurdité des absurdités.

Le dernier article de ce livre est de mars 1935, il y a un peu plus de deux ans. Dans cet article, qui est d'une sérénité parfaite, Bainville fait comme le bilan de ses idées. Sa pensée « prend racine dans le passé et se prolonge dans l'avenir ». Il songe au grand Delcassé. L'Europe, constatait-il, était revenue à des conditions qui ne ressemblaient que trop à celles de la période qui a précédé 1914. Une fois que je voyais Bainville à cette époque, il m'a dit, mettant la main sur l'épaule : « Ah ! mon ami, comme cela lasse, à la fin, d'être obligé de dire toujours la même chose ! » L'Angleterre, se demandait-il toujours, et il le demandait à moi, est-elle devenue plus clairvoyante ? J'étais plus optimiste que lui et j'ai insisté que « oui ». Je ne crois pas devoir le regretter. Mais, en face d'une Allemagne qui, d'ores et déjà, disposait d'une supériorité militaire la mettant à l'abri des sanctions, Jacques Bainville ne pouvait pas ne pas ressentir une grande anxiété. Il voyait clairement ce qui est, en effet, le seul espoir de pouvoir éviter une catastrophe nouvelle : « l'existence d'une coalition résolue, capable de conseiller la prudence à l'Allemagne et de l'empêcher de passer aux actes ». Pour le succès d'une telle entreprise la France n'avait pas le choix des moyens. Elle devait « de son mieux, garder, à toutes fins utiles, le contact avec l'Angleterre et l'étendre avec l'Italie ». Et le livre se termine - et c'est justice ! - sous l'invocation du grand Delcassé : « Le travail à faire consiste à souder une à une les mailles d'une chaîne, le même travail de patience auquel Théophile Delcassé s'était voué jadis et qui porta ses fruits au jour du grand péril. »

Le mot de la fin est que Bainville avait appris l'art d'avoir raison, car avoir raison est, en effet, un art. Il faut un cœur d'une rare humilité pour être prophète. Les êtres ambitieux et les idéalistes inspirés, ou même les gens orgueilleusement malins, se livrent difficilement à cet exercice de géométrie morale, consistant à tirer la résultante des forces de tous les faits, bons ou mauvais, dont on a connaissance. Pour avoir raison, il faut surtout ne pas se sentir responsable des faits qu'on a l'honneur de présenter. Jules Cambon, qui a eu raison toute sa vie, étudie, dans ce charmant petit chef-d'œuvre qui s'appelle le Diplomate, la manière du prince de Talleyrand : « Il avait le don de la prévision. C'est un don redoutable : l'homme n'aime pas qu'on l'avertisse. Et les Cassandres n'ont jamais été populaires. Pour lui, il avait les yeux fixés sur ce qui serait le lendemain, et c'était le lendemain qui déterminait sa conduite. »

De Jacques Bainville, écrivain, l'on pourrait dire la même chose. Et c'est réellement l'importance du livre actuel - de ce livre qui « prend racine dans le passé et se prolonge dans l'avenir » - qui classe Jacques Bainville, comme penseur, avec le Talleyrand de Jules Cambon.

W. Morton Fullerton.
La Toussaint, 1937.

Jacques Bainville

L'ANGLETERRE ET L'EMPIRE BRITANNIQUE

Chapitre 1

L'Angleterre depuis dix ans

L'Action française, *13 avril 1914*.

On a rappelé ces jours-ci de divers côtés que l'Entente cordiale avait dix ans d'existence et le voyage à Paris du roi George V, accompagné de sir Edward Grey, commémorera cet anniversaire. Déjà Édouard VII avait préparé la réconciliation et la collaboration des deux pays par l'initiative qu'il avait prise en 1903 de s'assurer par lui-même des dispositions de la population parisienne. A l'Élysée et ailleurs, on ne manquera pas, en recevant son successeur, de rappeler ces souvenirs : Édouard VII a conservé un prestige considérable dans le monde républicain, et il n'a pas moins de deux statues déjà, en territoire français, dont l'une, équestre, en plein Paris. Il y a bien des rois de France, et des plus grands, dont on ne pourrait en dire autant....

Ce qu'il convient moins que jamais d'oublier, c'est que l'Entente cordiale, conçue par Édouard VII et conclue par un ministère conservateur, a été pratiquée presque dès l'origine (exactement depuis janvier 1906) par deux ministères libéraux. Et ces libéraux étaient bien mal désignés pour pratiquer une politique extérieure fondée sur un accord avec la France : il suffit, pour s'en convaincre, de se souvenir que leur parti, alors dirigé par Gladstone, était au pouvoir en 1870, quand le radicalisme anglais commit sa faute majeure, sa faute impardonnable, la faute que l'Angleterre paye cruellement aujourd'hui, en laissant la Prusse vaincre la France et former un puissant Empire allemand. Voyez comme l'histoire présente des ironies ! L'Empire allemand étant devenu menaçant pour la sécurité britannique, l'Angleterre a dû renoncer au système du « splendide isolement » et se résoudre à lier partie avec la France. C'est juste ce moment que l'électeur anglais a choisi pour renverser les conservateurs et ramener au pouvoir les radicaux dont la politique sans grandeur et sans prévoyance avait, en 1870, engendré les périls auxquels l'Angleterre du vingtième siècle devait parer. Telles sont les inconséquences du régime d'opinion.

Ainsi ce sont les radicaux anglais qui ont été chargés, parmi les plus graves circonstances européennes, d'appliquer une entente qui ne répondait pas à leurs sentiments. Car, à travers les années, et quelles que soient les apparences, un parti reste toujours commandé par ses origines. Les hommes qu'il groupe ont toujours en commun le même fonds d'idées, les mêmes tendances intellectuelles, les mêmes instincts et les mêmes réactions. Le puritanisme, facteur de la révolution anglaise du dix-septième siècle, est resté un puissant élément de la vie publique. Et ce sont, de notre temps, les éléments les plus radicaux du libéralisme qui le représentent. Les puritains anglais étant traditionnellement pacifistes et germanophiles, on voit quelle contradiction il y avait à charger un cabinet radical d'exécuter le plan de politique étrangère formé par l'intelligence réaliste d'Édouard VII. Lorsque ce plan exigea que l'Angleterre complétât son entente avec la France par un accord avec la Russie, toutes les traditions du parti libéral, hostiles au « tsarisme », se révoltèrent. L'influence personnelle d'Édouard VII, la logique de la situation eurent raison des répugnances, mais les sentiments subsistèrent. Voilà le fâcheux état d'esprit qui préside, du côté anglais aux destinées de la Triple-Entente.

Les libéraux anglais font depuis huit ans une politique qui n'est ni dans leurs traditions, ni dans leurs goûts. Grand principe de faiblesse, cause peu douteuse de bien des échecs...

Sir Edward Grey s'est chargé d'accommoder les exigences du puritanisme et les nécessités de la vie nationale de son pays. En France et dans d'autres pays, le type de cet homme d'État s'est déjà rencontré. Tenter à l'intérieur des expériences sociales et fiscales qui ont un caractère presque révolutionnaire, et, en même temps, tenter de pratiquer une diplomatie active au dehors : c'est le programme de sir Edward Grey. Entre les deux parties de ce programme, il ne voit pas d'incompatibilité. Il ne lui semble pas dangereux d'associer le réalisme de sa politique étrangère à l'idéalisme de M. Lloyd George. Sir Edward Grey a trouvé tout naturel que l'Angleterre supprimât les privilèges parlementaires des lords, bouleversât le régime de la propriété, suscitât la guerre civile en Irlande, au moment où il s'agissait de retrouver pour l'Angleterre, dans les transformations de l'Europe, et en face de forces nouvelles, une situation égale à celle qu'elle occupait naguère. Sir Edward Grey n'a pas paru se douter qu'il n'était pas dans de très bonnes conditions pour exécuter le projet d'Édouard VII qui était de faire échec à la domination allemande. La loyauté de ce gentleman ne peut pas être mise en doute : à l'égard de la France, en particulier, sir Edward Grey a toujours été correct, d'autant plus correct que l'Entente cordiale ne l'engageait à rien de précis. Radical et utopiste de tempérament, sir Edward tient pourtant de sa famille et de son éducation le sens des affaires, les traditions de la grande politique. On tremble à l'idée que le *Foreign* Office tombe un jour entre les mains d'un puritain gallois comme M. Lloyd George ou d'un de ces vagues politiciens, si semblables aux nôtres, qui pullulent aujourd'hui à Westminster. Les résultats de l'activité de sir Edward Grey ne sont pas extrêmement brillants. La démocratie française n'a pourtant, quand on se représente ce qu'il eût pu arriver de pire, qu'à se louer de la présence de ce grand seigneur dans le cabinet Asquith. C'est un roi et un aristocrate - Édouard VII et lord Lansdowne - qui ont créé l'Entente cordiale. C'est un autre roi et un autre aristocrate - George V et sir Edward Grey, - qui, contre vent et marée, l'ont soutenue. Souvenons-nous de cela !

Dans son beau livre *l'Angleterre radicale*, M. Jacques Bardoux a raconté les manœuvres des libéraux les plus avancés et des pacifistes germanophiles pour contraindre sir Edward Grey à partir et pour opérer un rapprochement anglo-allemand. On se rappelle que de propres collègues de sir Edward - tel lord Haldane - s'associèrent même à ce projet. Et il n'est pas difficile de concevoir qu'il y ait eu dans ces intrigues, dans ces contre-mines et dans cette résistance tantôt publique, tantôt voilée, à toute intervention un peu nette de l'Angleterre dans le sens de la Triple-Entente un autre principe de faiblesse, et singulièrement grave, pour ce système.

Il est certain que, lorsqu'en 1908 l'Angleterre laissa tomber, devant le refus de l'Allemagne, la proposition de conférence qu'elle avait lancée pour régler, conformément au droit européen, l'annexion de la Bosnie-Herzégovine, ce ne fut pas pour elle ni pour nous une date très brillante. Et après le coup d'Agadir, lorsqu'à la suggestion portée par M. Paul Cambon, notre ambassadeur à Londres, d'envoyer une canonnière anglaise de concert avec une canonnière française s'embosser auprès de la *Panthère*, devant Agadir, il fut répondu par une fin de non-recevoir, l'attitude de l'Angleterre ne fut pas encore très digne d'admiration. On nous donna, il est vrai, un discours de M. Lloyd George. Mais ce discours n'eut pas la vertu de déterminer cette conversation à quatre sur le Maroc, à laquelle le *Foreign Office* avait pensé... En l'espace de quelques années, on aura vraiment trop vu l'Angleterre se replier en bon ordre après les défaites de sa diplomatie. Car faut-il revenir sur les échecs partiels, dont certains sont fort cuisants, que la politique de sir Edward Grey a subis pendant la crise orientale quand il suffisait que le ministre anglais, toujours dans la meilleure intention du monde d'ailleurs, élevât la voix pour que les nations balkaniques fissent sur-le-champ ce qu'il avait cru pouvoir leur interdire !

Comment, en effet, des plus grandes jusqu'aux plus petites nations de l'Europe, la conviction ne se serait-elle pas répandue que l'Angleterre de M. Lloyd George, l'Angleterre à l'état de révolution sèche, ne disposait plus des mêmes moyens que l'Angleterre d'autrefois ? Et comme s'il fallait longtemps aux gouvernements et même aux peuples pour s'apercevoir des faiblesses d'autrui ! Le monde entier a suivi les péripéties de la rivalité anglo-allemande. Et il n'a pas été malaisé de se rendre compte que la chose qu'on eût tenue naguère encore pour invraisemblable se produisait, que la domination de l'Angleterre sur les mers, incontestée jusqu'au début de notre siècle, commençait à être menacée. L'Allemagne s'est révélée comme une puissance maritime considérable, capable d'inquiéter l'Angleterre qui a encore accusé ses alarmes par de vaines propositions de limitation des armements, propositions toujours rejetées d'ailleurs. Il y a même eu un jour où l'on put calculer que la flotte allemande serait à un moment donné non pas plus nombreuse, mais de meilleure qualité et de date plus récente que l'escadre anglaise. Et alors, parmi les nations, l'astre britannique a commencé de pâlir, on s'est mis à parier pour la chance de l'Allemagne...

Ce calcul a été fait d'une façon particulièrement sensible par l'Italie. On feint de s'étonner que l'Italie ne tienne plus autant que naguère à la contre-assurance maritime qu'elle avait conclue avec l'Angleterre et la France et que le contrat de la Triple-Alliance, qui ne prévoyait que les difficultés continentales, ait été étendu à la Méditerranée. L'étonnant serait que le génie éminemment réaliste de la diplomatie italienne n'eût pas tenu compte des changements qui s'étaient opérés dans la distribution des forces navales.

L'Angleterre et l'Empire Britannique

La diplomatie française a vécu jusqu'à ces tout derniers mois sur la conviction que l'Italie n'oserait jamais négliger la tutélaire amitié du Royaume-Uni. Comme si les princes de la maison de Savoie et leurs ministres, calculateurs sans scrupules, n'avaient pas aperçu depuis longtemps les symptômes de décomposition et de décadence de toute sorte qu'offre à l'observateur le Royaume-Uni ! On essaye en ce moment, à Paris et à Londres, d'obtenir que M. de San Giuliano précise les paroles qu'il a prononcées au sujet des accords méditerranéens de l'Italie, et il est peu probable que M. de San Giuliano se laisse entraîner à des précisions qu'il n'a pas intérêt à faire. Ce qui est certain, c'est que sir Edward Grey a déclaré hautement que l'Angleterre ne permettrait pas que l'Italie occupât définitivement les îles du Dodécanèse et que, tout en affirmant que son occupation est provisoire, le drapeau italien flotte toujours et sans doute flottera longtemps sur Rhodes et Stampalia...

Telles sont les libertés qu'on se permet avec l'Angleterre radicale, l'Angleterre champ d'expérience de M. Lloyd George, l'Angleterre déchue de sa suprématie maritime. La moralité, c'est qu'il ne faut pas perdre de vue la politique intérieure des États avec lesquels on s'accorde ou on s'allie pour faire en commun de la politique extérieure.

L'Action française, *13 avril 1914.*

Chapitre 2

Le Roi George V et la Reine Marie

L'Action française, *21 avril 1914*.

LA souplesse et la faculté d'adaptation de la monarchie héréditaire s'attestent d'une manière vraiment frappante par le cas du roi d'Angleterre qui sera cette semaine l'hôte de Paris.

Second fils du prince de Galles, - le futur Édouard VII, -George V n'était pas destiné au trône. C'est son frère aîné, le duc de Clarence, qui devrait régner en ce moment-ci. Sa mort prématurée était venue bouleverser l'existence de son cadet, le duc d'York, et aussi les calculs, peut-être les espérances de son père. Le duc d'York était déjà un homme avec ses goûts, ses idées, ses habitudes, lorsqu'il devint héritier présomptif. C'était une éducation à recommencer. Nul doute qu'Édouard VII n'ait souffert autant comme chef de dynastie que comme père de voir disparaître ce fils qu'il avait formé pour être son continuateur...

Édouard VII était avant tout un diplomate et c'est certainement en diplomatie que le duc de Clarence eût été son élève. Le duc d'York était un marin, marin il est resté. Oh ! Sans doute, à partir du moment où il fut désigné pour ceindre la couronne du Royaume-Uni, il ne manqua pas de compléter son information politique. Il est devenu un assidu lecteur de livres bleus et de rapports diplomatiques, suivant en cela l'exemple de la reine Victoria son aïeule et de son père qui, par leur application, leurs informations et leur expérience avaient réussi à donner à la couronne, tout particulièrement dans la direction de la politique étrangère, une autorité que la Constitution ne prévoit nullement. Comme tous les monarques de l'Europe contemporaine,

George V est le premier des diplomates de son pays et c'est à son influence, il n'en faut pas douter, que l'Entente cordiale doit d'exister encore, de rendre quelquefois service et d'avoir résisté aux coups que les radicaux germanophiles ne lui ont jamais ménagés...

Mais enfin, George V est resté un marin. La vie maritime, il l'a pratiquée comme un marin de carrière et non pas en amateur (il y a une savoureuse anecdote sur le duc d'York surveillant la corvée de charbon et pris pour un soutier par un ministre turc venu pour remettre une décoration au prince anglais et qui crut à une mauvaise plaisanterie). Et c'est la vie maritime qui continue de solliciter son imagination, d'exciter son intérêt... Heureuse rencontre des circonstances et des besoins de l'Empire britannique. Dans un temps où la nation anglaise, par le fait de ses institutions électives et parlementaires, se relâche de la surveillance des mers, au moment où elle laisse des flottes rivales rogner sa marge de supériorité, quel plus grand service pouvait lui rendre la monarchie héréditaire que de placer un marin de métier à la tête de l'État ?

Que les Parisiens qui acclameront cette semaine le roi et la reine d'Angleterre retiennent bien encore ce détail essentiel : c'est que le roi George V et la reine Marie forment un ménage anglais aussi national et même aussi nationaliste que possible. Quelle différence avec Édouard VII, l'homme du dix-neuvième siècle, aussi « européen » qu'on l'aura jamais été !

De même que George V, qui a surtout vécu sur les navires de Sa Majesté, est un pur Anglais, la reine Marie, sa cousine, d'ailleurs, est une Anglaise. Sait-on qu'elle a exigé, en se mariant, que son trousseau fût fait tout entier en Angleterre et que pas une main étrangère n'y eût touché ? Sait-on aussi qu'elle ne voulut pas d'autres demoiselles d'honneur que des princesses britanniques ? Dans sa vie de tous les jours, le couple royal continue à affirmer le sentiment de la nationalité. Le foyer du roi George est le modèle du *home*. Il ne se passe pas de jour sans qu'un chapitre de la Bible y soit lu à haute voix. La maison de George V est celle d'un *country-gentleman* de la vieille Angleterre. Et l'on n'y rencontre pas les compagnons un peu suspects, les naturalisés de fraîche date ni les grands financiers juifs, - lord Sassoon ou sir Ernest Cassel, - dont Édouard VII ne craignait pas la société.

George V porte témoignage de la vertu du principe héréditaire. Il symbolise aussi, au plus haut point, les tendances directrices de notre temps qui sont la tradition et le nationalisme. Le vingtième siècle, selon les prophètes de la démocratie, ne devait plus voir de rois. Et il en a qui sont plus rois que jamais, puisque, utiles à l'État, les monarques d'aujourd'hui sont par surcroît le miroir des peuples.

L'Action française, *21 avril 1914.*

Chapitre 3

Après les fêtes

L'Action française, *25 avril 1914.*

Au siècle dernier, comme on menaçait l'Autriche d'une pression franco-anglaise, le prince de Metternich répondit avec dédain : « Je ne crains pas l'alliance des deux administrations libérales. » C'est exactement ce que Guillaume II pourrait dire aujourd'hui.

Plus encore qu'au temps de Metternich, l'Angleterre et la France ne paraissent plus aux yeux de l'observateur (et quel observateur est plus perspicace qu'un ennemi ?) que comme deux vastes bureaucraties alourdies sans relâche par la manie légiférante de deux Assemblées jumelles, qui obéissent elles-mêmes aux exigences de l'électeur et aux nécessités de l'élection. L'Angleterre et la France sont de moins en moins des États dignes de ce nom. Ce sont deux administrations gigantesques, chargées à l'intérieur de l'application du programme radical-socialiste, supérieurement armées pour faire la guerre à la propriété et à la richesse, mais très démunies, et très distraites, surtout, quand il s'agit de pourvoir aux dangers de l'extérieur.

Lorsque, mardi soir, au dessert, le roi George V et le président Poincaré ont parlé de civilisation, de progrès, de liberté d'idéal (c'est le vocabulaire et le répertoire de « nuées » que les radicaux anglais et les républicains français ont en commun), il y aura bien eu encore quelques personnes en France pour éprouver du désappointement. Malgré tous les avis, malgré toutes les expériences, on attendait un peu la proclamation d'une alliance, ou au moins un resserrement de l'Entente cordiale. Que ce soit avec la Russie ou avec l'Angleterre, la démocratie française aura passé par toutes les phases de la politique sentimentale, depuis l'engouement jusqu'aux déceptions... Cependant, au camp triplicien, on se sera félicité d'avoir fait des calculs exacts, d'avoir toujours compté sur les faiblesses constitutionnelles de la Triple-Entente. Ce système politique dispose, si l'on consulte la statistique, de forces colossales en hommes, en canons, en navires, en argent. Sur le papier, il est notablement supérieur à la Triplice. Mais il sait mal se servir de ses avantages, ou bien il est hors d'état de tirer parti de ses immenses ressources puisqu'il se laisse régulièrement battre en détail dans toutes les grandes parties diplomatiques qui s'engagent avec le système adverse.

Les Curiaces de la Triple-Entente n'ont pas encore appris, malgré tant de leçons cuisantes, à changer leur tactique et à concentrer leur action. Le caractère vague et indécis des paroles prononcées à l'Élysée atteste la répugnance de ces associés à proclamer leur association. Cette répugnance est faite surtout de pusillanimité. La Triple-Entente ayant nettement partagé l'Europe en deux camps, on voudrait néanmoins respecter la fiction du concert européen. Récemment, les gouvernements français, anglais et russe se sont pourtant résolus, pour une démarche exigée par les affaires d'Épire, à imiter la Triple-Alliance et à présenter une note en commun. Il y avait des mois et des mois que Londres, Paris et Pétersbourg hésitaient à adopter cette méthode, tant on craignait de heurter système d'alliances contre système d'alliances. Il semblait qu'une moitié de l'Europe dût sur-le-champ entrechoquer l'autre moitié, si l'on osait jamais avouer officiellement que l'Angleterre, la France et la Russie avaient une même volonté sur un point quelconque de la politique européenne et parlaient d'une seule et même voix, comme l'Allemagne, l'Autriche et l'Italie. En somme, la Triple-Entente a peur d'être elle-même, peur d'être poussée aux conséquences qu'elle comporte. Et dès qu'elle envisage ces conséquences, elle se met à trembler...

L'Angleterre et l'Empire Britannique

La diplomatie anglaise et la diplomatie française auront beaucoup fait penser, en ces dernières années, à l'immortel héros d'Alphonse Daudet, à cet illustre Tartarin qui possédait une collection complète d'armes terriblement dangereuses, mais qui s'épouvantait lui-même à l'idée qu'il était le propriétaire d'un aussi formidable arsenal et qui blêmissait en pensant qu'on pût s'en servir.

Si l'on en croyait les discours qui ont été prononcés ces jours-ci, on dirait que l'Entente cordiale n'existe que pour permettre à M. Lloyd George et à Joseph Caillaux de combiner en commun des expériences fiscales. (Et aussi de jouer à la Bourse, car le scandale Marconi des radicaux de là-bas vaut bien le coup sur la rente des nôtres.) Mais devant l'Europe attentive, devant la société des jeunes nations grandissantes qui attendent une direction, qui écoutent volontiers les paroles claires et les volontés énergiques, c'était autre chose que des arguments de propagande électorale qu'en cette circonstance solennelle il eût été opportun de présenter. En ce moment où tant de choses sont en mouvement, où bien des groupements nouveaux de puissances seraient possibles, est-ce que la Triple-Entente n'aurait pas eu beaucoup à gagner en s'affirmant avec netteté et avec force ? L'empereur d'Allemagne ne s'est pas gêné, lui, pour féliciter publiquement de l'entrevue d'Abbazia les gouvernements d'Italie et d'Autriche. L'occasion n'eût-elle pas été bien choisie de répondre à cette manifestation par une manifestation du même ordre ? En Roumanie, en Grèce, en Turquie, en Autriche et en Italie même, - sans oublier peut-être Berlin, - cela eût produit, par des réactions différentes, le plus salutaire effet...

Nous avons été à peu près seuls dans la presse à faire remarquer que la Russie avait été absente des fêtes franco-anglaises, absente aussi des allocutions de l'Élysée. Nous n'aurons pas la fatuité de croire que c'est notre observation qui a déterminé M. Doumergue à introduire l'alliance russe dans le second paragraphe de la communication qu'il a faite à la presse après son entrevue avec sir Edward Grey. Mais comme ce paragraphe est chétif, incolore et même obscur ! On y sent le ministre français travaillé par la venette d'avoir l'air de se passer du « concert européen ». On y sent le ministre anglais surveillé par les radicaux germanophiles et antitsaristes de son propre parti, et redoutant les foudres du *Manchester Guardian*. Et, en définitive, le public universel, au lieu de voir, dans cette symbolique qui est comprise d'un bout à l'autre du monde, l'ours moscovite, le léopard britannique et le coq gaulois solidement unis, n'aura aperçu qu'un radical-socialiste du Palais-Bourbon et un « honorable » de Westminster échangeant, à travers le pas de Calais, des projets de péréquation de l'impôt. C'est l'image exacte de cette alliance des « deux administrations libérales » que déjà, de son temps, Metternich traitait avec dédain...

Car il ne faudrait pas oublier que si nos républicains, en ce moment-ci, sont avant tout occupés des élections, les libéraux anglais songent au Home Rule et à la Séparation de l'Église et de l'État dans le pays de Galles...

Nous tenons ici les causes premières de la débilité de l'Entente cordiale. Pourquoi a-t-elle été créée ? À quel besoin répondait-elle ? Inutile d'essayer de donner le change à personne : ce n'est pas par sympathie pour la France, ni même pour les institutions parlementaires et libérales de la France, que l'Angleterre est sortie de son « splendide isolement ». D'ailleurs, traditionnellement, et de tout leur cœur, de toute leur âme, les libéraux anglais, - puritains par leurs origines, puritains par leur tour d'esprit, - détestent le peuple français. Qu'on cherche dans l'histoire : nous en sommes encore à attendre des whigs ce qu'on nomme, quand il s'agit des individus, un bon mouvement. S'il avait fallu, en plusieurs circonstances graves, compter sur les sympathies des libéraux anglais pour la France « puissance libérale », nous serions peut-être rayés de la liste des nations.

La vérité, c'est que l'Entente cordiale et la Triple-Entente n'ont qu'un sens. Elles sont nées toutes deux du péril allemand, de la nécessité de résister à l'hégémonie allemande. Elles n'existeraient pas, Édouard VII n'aurait pas liquidé (tout le bénéfice fut d'ailleurs pour lui) les litiges anglais avec la France, il n'aurait point passé par-dessus les préjugés de son peuple contre la Russie, si l'Empire allemand et la Triplice n'avaient préexisté. Il est donc inutile et enfantin d'essayer de donner le change : ni l'Entente cordiale, ni la Triple-Entente n'ont de raison d'être si elles ne sont pas une ligue contre les prétentions de l'Empire allemand. Seulement si cette ligue est pacifiste et humanitaire, si elle s'abstient de toute offensive de peur d'entraîner un conflit, si elle émousse elle-même son tranchant, il est clair qu'elle n'aura servi à rien qu'à souligner la victoire et à accroître la puissance et la domination du groupe adverse.

Il semble que nous soyons arrivés à un moment critique de l'histoire de la Triple-Entente. Après le voyage du roi George V à Paris, qui aura fait paraître la mollesse des volontés et des résolutions dans le camp franco-anglais, on peut dire qu'il ne reste plus, pour le gouvernement britannique, une seule faute à commettre. Encore très peu de pas en arrière et de maladresses, - encore quelques années du funeste gouvernement des radicaux qui aura si gravement activé la décomposition du Royaume jadis « Uni », - et sans doute l'Allemagne aura-t-elle, pour un temps qu'il est impossible de calculer, gagné la grande partie qu'elle a entamée en 1870. La Prusse monarchique et militaire aura imposé son joug à l'Europe.

Et quelle leçon ce serait qu'en 1870 comme aujourd'hui, notre démocratie, - sous sa forme impériale ou sous sa forme républicaine, c'est tout un, - se fût trouvée là en même temps que le libéralisme anglais pour aider au triomphe du caporalisme prussien !...

Il est incroyable que l'on ait pu continuer à tenir le peuple anglais pour le plus « fort » du monde en politique, après la faute colossale qu'il a commise en 1870. Faut-il que l'anglomanie ait été puissante pour qu'on ait mis si longtemps à s'apercevoir de l'aveuglement de l'Angleterre laissant naître une puissance formidable qu'elle pouvait écraser dans l'œuf ! S'il se présente un jour un historien qui ait le sens de la grande ironie, il fera rire les siècles aux dépens de ces hommes d'État britanniques qui jusqu'après Sedan, - leur Sadowa, en définitive ! - s'occupaient soigneusement de « localiser » le conflit, de le limiter à la France et à la Prusse, d'organiser une Ligue des Neutres et de faire respecter les conventions du droit international, et qui ne s'apercevaient pas qu'un nouvel Empire se formait, un Empire qui ne devait pas tarder à chercher à ravir la domination des mers à la vieille Albion...

Les institutions parlementaires et le gouvernement des partis auront coûté cher au peuple anglais en lui donnant pour guides, il y a quarante-quatre ans, au moment où se jouait une si décisive partie, ses gladstoniens chimériques, ses absurdes libéraux. Nous qui ne croyons pas aux rigueurs du déterminisme historique, nous qui admettons que les destinées des peuples sont souples et malléables, nous ne pouvons pas nous empêcher de songer que l'histoire eût pu être changée, quand nous nous rappelons, par exemple, que c'étaient les conservateurs anglais qui étaient au pouvoir, au temps de l'alerte de 1875, lorsque l'Angleterre et la Russie opposèrent victorieusement leur veto aux desseins de Bismarck qui projetait d'en finir avec notre pays. Et ce sont encore les conservateurs anglais qui ont su comprendre la pensée d'Édouard VII, qui ont conclu l'Entente cordiale... Leur parti, aujourd'hui, est bien malade. On ne sait plus quand il pourra revenir aux affaires, sous quelle forme ni à quelles conditions il y reviendra. Et c'est ce qui pouvait arriver de plus fâcheux à l'Entente.

Encore une fois, et à un moment presque aussi grave que celui de 1870, l'Angleterre est livrée au libéralisme qui a fait ses preuves d'incapacité et d'aveuglement. La France, de son côté, est empoisonnée de démocratie... Et ainsi, l'Allemagne est en situation de remporter encore une grande victoire, et cette fois en pleine paix...

L'Action française, *25 avril 1914*.

Chapitre 4

L'Angleterre et la papauté

L'Action française, *24 novembre 1914.*

LE XXe Siècle, le journal belge bien connu qui paraît provisoirement au Havre, où il a suivi le gouvernement du roi Albert, a publié une nouvelle que nous avons reproduite hier. Il y a intérêt à la réimprimer aujourd'hui : « Nous apprenons, écrit notre confrère, que le gouvernement britannique vient de décider d'envoyer un ambassadeur au Vatican auprès duquel il sera accrédité pendant la durée de la guerre. Le Pape a agréé la décision du ministère anglais. » Nous n'hésitons pas à dire que, parmi les grands événements historiques qui s'accomplissent sous nos yeux, celui-ci doit être considéré comme hautement significatif.

Plusieurs circonstances ont déjà manifesté, depuis le commencement du mois d'août, une vive renaissance des plus hautes traditions politiques anglaises. L'Angleterre libérale de 1914, sous l'empire des puissantes nécessités du jour, a retrouvé la vigueur de l'ancien esprit whig. D'un seul coup, le radicalisme britannique a délesté son programme de tous les éléments diviseurs. Pour mener à bien la guerre étrangère, il a volontairement et fortement écrasé tous les tisons de guerre civile. La décision d'envoyer au Vatican une ambassade extraordinaire n'est pas la moindre preuve que les Anglais auront donnée, depuis quatre mois, de leur intelligence clairvoyante et positive des conditions dans lesquelles une grande guerre comme celle-ci doit être conduite.

Le cabinet Asquith, composé en majorité de puritains et de quakers, n'est pas d'avis que le fanatisme soit un état d'esprit politique. S'il est pourtant un peuple chez qui l'absence de relations avec la Papauté soit passé à l'état de tradition, c'est bien celui où le vieux cri de No popery est toujours capable d'éveiller des puissances de sentiment formidables. Et s'il est, dans ce pays, un parti qui soit hostile à l'Église romaine, c'est sans doute celui qui descend en droite ligne de ses presbytériens qui s'acharnèrent à la ruine de la dynastie catholique en Angleterre. Eh ! bien, ce sont ces héritiers de Cromwell qui envoient un ambassadeur au pape de Rome. Ils ont compris que, quand on s'engageait dans une guerre aussi vaste que celle qui met aujourd'hui en mouvement presque tous les peuples de la terre, c'était folle imprudence ou ignorance grossière que de se priver de contact diplomatique avec la plus grande puissance morale et internationale qui existe sur la planète. Les libéraux anglais ont aperçu encore les tentatives de la propagande allemande en vue de faire jouer, en Irlande par exemple, et en Espagne aussi et ailleurs, le ressort religieux contre les alliés. Et les libéraux anglais n'ont pas voulu qu'il fût dit qu'ayant engagé leur pays dans cette partie formidable, ils auraient abandonné à l'adversaire la moindre chance de succès.

En France, nous n'avons pas d'Irlande, c'est vrai. Mais nous avons la Syrie, où l'initiative des Turcs pourrait bien poser des questions que nous serions embarrassés de résoudre seuls. Mais nous pourrons éprouver à chaque instant, par le développement de la guerre, par l'ampleur et la complexité de nos intérêts sur le globe, un dommage considérable du fait de notre impossibilité de causer avec Rome. Causerons-nous, quand il faudra causer, par l'entremise de l'ambassadeur de Sa Majesté britannique auprès du Saint-Siège ? Ce serait une solution que l'Histoire trouverait au moins paradoxale.

L'Action française, *24 novembre 1914*.

Chapitre 5

Honneur et intérêt

L'Action française, *13 mars 1915.*

NON seulement nous éviterons des erreurs de jugements, fâcheuses parce qu'elles peuvent, chez nous, influencer, troubler les dispositions de l'opinion publique à l'égard des tiers, mais encore nous nous élèverons aux sommets d'une justice supérieure en comprenant les devoirs qui s'imposent aux autres tandis que la France fait le sien. Que veut dire le grand mot de M. Salandra, tant répété depuis six mois ? Il veut dire que l' « égoïsme », appliqué à des millions et des millions d'hommes nés et à naître, est une obligation « sacrée » pour les conducteurs de peuples. La politique doit se pénétrer de cette vérité, agir et surtout n'espérer que conformément à ce principe. N'est-ce pas en vertu de cette évidence reconnue que la Triple-Entente s'est résolue à frapper en Orient un coup destiné à rompre des hésitations légitimes autant qu'à châtier les Jeunes-Turcs et à en finir avec le protectorat allemand de Constantinople ? Le plan donnera, au point de vue diplomatique, ce qu'il donnera. Il s'imposait d'en tenter l'exécution qui a mis, déjà, plus d'un neutre en mouvement, accordé les sympathies avec les aspirations nationales.

Nos Alliés les Anglais ont la plus vive intuition de ces choses. Un article *du Times,* qui n'est vieux que de trois jours, définit avec clarté ce que le grand journal de là-bas appelle « les raisons pratiques » de l'intervention anglaise. C'est une page si nette, une démonstration de politique appliquée si probante qu'il convient de la reproduire dans ses parties essentielles. Magistralement, le Times explique aux Allemands combien leur psychologie des réactions probables de la Grande-Bretagne a été courte et grossière et combien *ils*

L'Angleterre et l'Empire Britannique

ont été imprudents en faisant jouer à la fois les deux ressorts de l'honneur et de l'intérêt britanniques. Il fait sentir à Guillaume II et à M. Bethmann-Hollweg qu'ils ont été « trop Allemands » en s'imaginant à la fois que l'Angleterre, indifférente au parjure, ne tiendrait pas ses engagements envers la neutralité belge et que, insensible au péril qui la menaçait directement, elle laisserait l'Allemagne écraser également ses partenaires de la Triple-Entente :

Il y a encore, semble-t-il, écrit le Times, des Anglais qui n'ont pas exactement compris toutes les raisons pour lesquelles il a fallu que l'Angleterre fît la guerre. Ils savent que la violation du territoire belge par les Allemands a fait déborder la coupe, mais ils n'ont pas réfléchi que notre honneur et notre intérêt auraient pu nous forcer à nous joindre à la France et à la Russie, même si les Allemands avaient scrupuleusement respecté les droits des petites nations voisines, et étaient entrés en France du côté de l'Est. Le chancelier allemand a insisté là-dessus à plusieurs reprises, croyant sans doute établir ainsi un argument contre nous, ce qui prouve une fois de plus comme il a mal compris notre attitude et notre caractère.

L'invasion de la Belgique et les crimes qui ont suivi, nous ont, en vérité, vivement émus. Comme l'Allemagne, nous avions juré de maintenir la neutralité de la Belgique. Mais, contrairement à l'Allemagne, nous avons mis notre honneur à tenir notre serment.

Cependant, nous savons très bien qu'en le faisant, notre pur intérêt se trouve du même côté que l'honneur, la pitié et la justice. Pourquoi avons-nous garanti la neutralité de la Belgique ? Pour une raison impérieuse d'intérêt national, pour la raison qui nous a toujours fait opposer à l'établissement d'une grande puissance sur le territoire qui fait face à notre côte Est, et qui nous a fait défendre les Pays-Bas contre la France des Bourbons et de Napoléon.

Nous tenons notre parole quand nous l'avons donnée, mais nous ne la donnons pas sans de sérieuses raisons pratiques, et nous ne nous posons pas en Don Quichotte international, toujours prêts à venger des injustices qui ne nous toucheraient pas.

M. de Bethmann-Hollweg a bien raison. Même si l'Allemagne n'avait pas envahi la Belgique, l'intérêt et l'honneur nous auraient fait nous joindre à la France. Nous avions, il est vrai, refusé de lui donner ou de donner à la Russie un gage certain jusqu'au dernier moment, mais nous avions cependant laissé comprendre à ces deux nations que si elles étaient injustement attaquées, elles pouvaient compter sur notre aide. Ce fut là le pivot de la politique européenne suivie par les trois pays. Cela (l'Allemagne elle-même l'a reconnu) a contribué à maintenir la paix pendant plusieurs années. L'Angleterre, comme les deux autres nations, en a tiré des avantages.

Elle aurait à jamais entaché son honneur si, après avoir agi ainsi en temps de paix, vis-à-vis d'elles, et leur avoir fait espérer qu'elle les aiderait dans une juste querelle, elle les avait abandonnées à l'heure du danger. C'était ce que M. de Bethmann-Hollweg nous pressait de faire. Il comprit que si nous eussions obéi à ses suggestions et commis cet acte de félonie, sous le prétexte que nous n'avions jamais donné une promesse formelle, nous perdions pour jamais leur amitié. Nous mettre dans cette infamante position d'isolement a été longtemps le rêve de la Wilhelmstrasse. Cela aurait servi les plans de l'omnipotence de l'Allemagne, dont la destruction et l'humiliation de l'Angleterre est l'indispensable préliminaire. Mais, là encore, comme dans le cas de la Belgique, « la politique de l'honneur est la meilleure ». Nous nous sommes joints à la Triple-Entente, parce que nous avons compris - tard, il est vrai - que le temps du splendide isolement était fini. Nous en sommes revenus à notre politique traditionnelle de la balance des puissances, et cela pour les raisons qui l'avaient fait adopter par nos ancêtres, c'est-à-dire, en premier lieu, pour conserver la paix européenne, mais cela seulement, parce que maintenir la paix européenne était l'unique moyen de la maintenir chez nous...

Dans cette guerre, l'Angleterre se bat pour les mêmes raisons qui la faisaient combattre Philippe II, Louis XIV et Napoléon. Elle combat pour la cause des opprimés, la Belgique et la Serbie, et se réjouit d'être à leurs côtés contre les tyrans. Elle aide ses alliés, France et Russie, dans la défense de leur territoire contre l'envahisseur, et elle est fière de verser son sang et de dépenser son or pour une cause si sacrée. Mais elle ne combat pas avant tout pour la Belgique, la Russie et la France, qui ont cependant une grande place dans ses pensées et dans son cœur ; mais la seconde seulement, la première appartenant, et c'est justice, à elle-même.

C'est pour l'Angleterre que ses fils se battent et meurent en Picardie, en Artois, dans la mer du Nord, et du Pacifique aux Dardanelles. Nos soldats défendent leurs foyers en France ou en Turquie, tout comme si les troupes ou les flottes allemandes étaient à Norfolk ou à Harwich. Si nos ennemis avaient écrasé nos alliés, notre mort aurait suivi de peu.

Cette synthèse de l'intérêt national et de l'honneur national caractérise très hautement la politique des grandes nations civilisées qui sont en guerre contre l'Allemagne. Mais ces conceptions sont de celles auxquelles la Germanie ne sait pas s'élever. Ses hommes politiques se font blâmer comme à plaisir pour leurs théories grossières et brutales des « chiffons de papier ». À cette maladresse essentielle ils ajoutent celle-ci qu'ils ne comprennent pas les mobiles par lesquels se déterminent les autres peuples.

Honneur et intérêt : ces deux éléments associés

possèdent une force irrésistible. L'Allemagne a dû le découvrir lorsque l'Angleterre lui a déclaré la guerre. Chaque fois que la combinaison s'en retrouvera chez quelque nation encore neutre, attendons-nous à voir se produire les mêmes effets.

L'Action française, *13 mars 1915*.

Chapitre 6

Les anglais et la guerre

L'Action française, *27 Mars 1915.*

SIR Édouard Grey, ce ministre de vieille aristocratie whig, à qui l'Angleterre et nous devons tant de gratitude, a prononcé cette semaine une parole qui fait le plus grand honneur à son esprit politique « De mémoire d'homme, a-t-il dit, c'est la quatrième fois, depuis 1864, que la Prusse déclare la guerre à l'Europe. » Et il a ajouté : « Nous sommes résolus à ce que ce soit la dernière fois qu'on voie la guerre ainsi préparée en Allemagne. »

Nous devons nous réjouir extraordinairement que des déclarations aussi fortes aient été faites par un homme d'État radical anglais. Nous devons nous en réjouir d'autant plus qu'elles étaient moins attendues. Sir Édouard Grey vient tout simplement de déclarer la faillite de la politique libérale du dix-neuvième siècle, de réhabiliter - parfaitement ! - les conceptions de l'ancienne diplomatie. Il a de nouveau formulé le principe dont l'abandon avait permis à Bismarck de fonder l'unité allemande et l'Empire allemand. Avant l'apparition d'une grande Allemagne dirigée par la Prusse, il existait encore les vestiges d'une société des peuples, d'une Europe où les faibles trouvaient des garanties, où un État brigand comme l'État prussien rencontrait une gendarmerie internationale. Qu'est-ce qui a permis à la Prusse d'accomplir ses brigandages ? Les fausses, les pernicieuses idées qui ont régné au siècle passé et d'après lesquelles les Allemands avaient le « droit », le droit absolu, intangible, de se constituer en nation, de se développer et de vivre leur vie, comme les Français et comme les Anglais. On s'imaginait même que lorsque la nationalité germanique aurait reçu satisfaction, l'équilibre serait trouvé, le repos définitivement assuré au monde. Permettre qu'il y eût une grande Allemagne, c'était faire œuvre de justice, de liberté et d'égalité. Sur ces assises nouvelles, devait s'organiser une humanité heureuse et paisible. C'était l'illusion immense de Michelet lorsqu'il écrivait ces paroles que lui-même, en 1870, relut avec surprise, que nous relisons aujourd'hui comme un monument de funeste naïveté : « Dieu nous donne de voir une grande Allemagne... Le concile européen reste incomplet, inharmonique, sujet aux fantaisies cruelles, aux guerres impies des rois, tant que ces hauts génies de peuples n'y siègent pas dans leur majesté, n'ajoutent pas un nouvel élément de sagesse et de paix au fraternel équilibre des peuples. »

Hélas !...

Lorsque M. Paul Cambon, le 31 juillet 1914 (jour où l'agression de l'Allemagne était devenue certaine) vint s'assurer des dispositions du gouvernement britannique, il représenta, comme en fait foi le *Livre Jaune,* qu'il était de l'intérêt de l'Angleterre « d'éviter de voir se renouveler l'erreur de l'Europe en 1870 ». Ce jour-là, sir Edouard, très réservé, même un peu sphinx, ne releva pas l'allusion. Mais, sans doute, son jugement était-il déjà formé.

L'Angleterre de 1914 n'a pas renouvelé l'erreur de 1870. Le gouvernement libéral-radical de M. Asquith n'a pas recommencé la faute du gouvernement libéral de Gladstone. Il a laissé le Cobden-Club et les vieux tenants du libéralisme orthodoxe tonner à leur aise. Il s'est séparé sans remords de lord Morley, illustre représentant de l'esprit gladstonien au ministère. Ce sont des signes extrêmement précieux. Nous n'y insistons pas seulement parce qu'ils expriment le grand changement d'idées qui a permis à l'Angleterre de se trouver à nos côtés au lieu d'assister indifférente à nos tribulations, comme en 1870, mais parce qu'ils promettent une solution rationnelle de la guerre, une utilisation judicieuse de la victoire.

En voyant, voilà quarante-cinq ans, la France vaincue, un formidable Empire allemand naître de notre défaite, l'Angleterre eut l'intuition de la faute que Gladstone venait de commettre. Un de nos meilleurs diplomates, Charles Gavard, écrivait de Londres, le Ier mars 1871 : « L'inquiétude est extrême ici. Le public anglais comprend, comme nous, que c'est une guerre perpétuelle qui commence. Il n'ose rien dire, mais il est mécontent du rôle qu'a joué son gouvernement. » Voilà l'idée qui a fait son chemin, voilà le germe qui a levé si magnifiquement le 4 août 1914, jour historique où l'Angleterre a adressé son ultimatum à l'Allemagne - à l'Allemagne plus habituée à en envoyer qu'à en recevoir.

Les hommes d'État et les journaux anglais ont été fort prudents jusqu'ici sur les mesures qu'il conviendrait de prendre après la victoire, pour empêcher le retour d'événements semblables à ceux-ci et pour rendre l'Allemagne incapable de recommencer à mettre l'Europe à feu et à sang. Vendre la peau de l'ours n'est pas dans le caractère anglais. Mais des paroles aussi fortes que celles que vient de prononcer sir Édouard Grey comportent des suites, indiquent un programme. L'Angleterre « résolue à ce que ce soit la dernière fois qu'on voie la guerre ainsi préparée en Allemagne », devra vouloir aussi les seules mesures qui puissent vouer l'Allemagne à l'impuissance militaire : et ce sont celles qui la voueront de nouveau à l'impuissance politique.

Peut-être alors quelques voix s'élèveront-elles là-bas, comme il s'en élève déjà chez nous, en faveur du peuple allemand, et pour le distinguer et le séparer de ses chefs. Il sera facile de répondre par les preuves de solidarité que peuple et chefs ont abondamment fournies en Allemagne depuis huit mois. Mais, en outre, les Anglais pourront se rappeler avec à-propos ce que Gladstone répondait, en 1870, à ceux qui lui reprochaient de rester neutre et lui représentaient que la France, le 4 septembre, avait renversé Napoléon III, considéré à Londres comme responsable de la guerre : « Il est impossible d'exempter un peuple de sa responsabilité plénière envers un autre peuple pour les actes de son gouvernement. »

Voilà un mot de Gladstone, qui, nous l'espérons, servira encore, et, cette fois, contre nos ennemis. Conjugué avec celui de sir Édouard, il pourra aider à libérer l'Europe du fléau allemand.

L'Action française, *27 Mars 1915*.

Chapitre 7

La leçon d'Héligoland

L'Action française, *4 juin 1916*.

IL y a une quinzaine de jours, un député national libéral proposait au Reichstag qu'une statue - colossale, naturellement -fût élevée dans l'île d'Héligoland au chancelier Caprivi, avec cette inscription : « Au protecteur des côtes allemandes. »

C'est Caprivi qui, en effet, il y a un quart de siècle, dans les premières années du règne de Guillaume II, a négocié le traité, mille et mille fois regrettable, par lequel l'Angleterre, en échange de je ne sais quels Zanzibars, abandonnait Héligoland aux Allemands. Héligoland, c'était un îlot qui, aux yeux des peuples distraits et des hommes d'État imprévoyants, n'offrait aucune valeur. Mais Guillaume II pressentait déjà peut-être qu'un jour pourrait venir où son Empire entrerait en conflit avec la Grande-Bretagne. Et pas plus en 1890 qu'en 1870, les Anglais n'avaient aperçu les tâches et les dangers qui devaient surgir pour eux de l'Allemagne puissante sur terre et qui serait fatalement tentée de dominer aussi sur la mer.

Le Reichstag n'a pas eu tort de le reconnaître : si Héligoland n'était pas entre les mains allemandes, - les côtes de l'Empire ne seraient pas en sûreté. Le rocher que lord Salisbury avait cédé à si bon compte est devenu une île de fer et de feu, un refuge pour la flotte ennemie, une citadelle d'où l'on pouvait menacer l'embouchure de l'Elbe et qui la protège à présent. C'est à l'abri d'Héligoland que l'escadre allemande a encore préparé son attaque il y a trois jours.

Combien de Zanzibars l'Angleterre ne donnerait-elle

pas aujourd'hui pour rentrer en possession du rocher jadis dédaigné ! Et quelle leçon à retenir pour les grandes puissances qui ne sauront jamais trop que les colonies se conquièrent et se gardent en Europe, et que n'importe quel bout de terre européenne a plus de valeur qu'un sultanat africain.

L'Action française, *4 juin 1916*.

Chapitre 8

L'Angleterre qui combat et qui pense

L'Action française, *29 septembre 1916*.

Nos alliés les Anglais auront étonné le monde de bien des façons pendant cette guerre. En intervenant d'abord, à la stupéfaction de Guillaume II, du chancelier et du prince Lichnowski. Ces trois Allemands avaient le tort de n'avoir pas assez lu Voltaire. Grand ami et admirateur des Anglais, Voltaire avait prévenu qu'on ne pourrait jamais prévoir ce qui se passerait dans ces « têtes mélancoliques ». Seulement, disait avec force le disciple de « milord Bolingbroke », il y a une chose qu'il faut se rappeler toujours : le but de l'Angleterre « n'est point la brillante folie de faire des conquêtes, mais d'empêcher que ses voisins n'en fassent ». Les Anglais du vingtième siècle, pareils à ceux du temps de Voltaire, étaient tout occupés à une refonte radicale de leur société et de leurs institutions lorsque l'Allemagne est venue les rappeler à l'inébranlable tradition de leur politique.

Il faut admirer la résolution avec laquelle ils se sont donné une grande armée moderne : on a pu dire qu'ils avaient eu autant d'hommes hors de combat dans les batailles de la Somme qu'ils en avaient sous les armes au mois d'août 1914. Les Anglais ont fait cette chose étonnante, dont l'Allemagne n'est pas encore revenue, qui a consisté à passer non pas seulement de l'impréparation militaire, mais de l'absence de toute organisation militaire véritable à la formation d'une grande armée nationale moderne. Et ils auront fait cette autre chose, qui aura peut-être encore davantage surpris les observateurs, et qui a consisté à sortir de l'impréparation diplomatique la plus complète pour entrer dans une des plus grandes guerres politiques que le monde ait jamais vues.

Ce n'est pas le moment de rappeler par le détail les erreurs, les échecs et les déboires que la France, l'Angleterre et la Russie ont partagés tout particulièrement dans les affaires orientales pendant les six ou sept années qui ont précédé la guerre. Si la Triple-Entente s'est distinguée, au cours de cette pénible période, ce n'a été ni par son énergie, ni par sa clairvoyance, mais par ses illusions. Elle acceptait tout, elle avalait tout, jusqu'aux affronts les plus désagréables : sa résignation ne servait d'ailleurs qu'à exciter les Allemands. Elle admettait la sincérité et la bonne foi d'adversaires qui ne songeaient qu'à abuser de son innocence. Malgré tant de sacrifices consentis à la tranquillité publique, la Triple-Entente n'a pas évité le conflit. Elle a prouvé qu'il n'était pas vrai que la paix fût assurée sur la terre aux peuples de bonne volonté.

La guerre une fois engagée, tant d'erreurs ne pouvaient cependant se liquider en un seul jour. Inutile d'insister sur les conséquences qu'ont eues des illusions tenaces, une fâcheuse persistance d'idéologies sans contact avec les faits et de sentimentalités terriblement surannées. Aujourd'hui, ces fautes se réparent à coups de canon. Et il y a, en Angleterre comme en France, une volonté très nette de ne plus les recommencer. Aucun pays ne peut se payer indéfiniment le luxe de se tromper, et, à la guerre, toute manœuvre politique qui procède d'une idée fausse se traduit par des cadavres. Beaucoup de sang français et anglais ayant coulé par l'effet de calculs insuffisants ou inexacts, eux-mêmes venus de l'oubli des réalités, d'une méconnaissance presque systématique des problèmes et des intérêts européens, on a compris que c'en était assez, qu'il fallait enfin voir clair et introduire un peu d'ordre dans les esprits.

C'est ce qu'on a fait en France. C'est à quoi les Anglais se sont mis avec application. Comme nous, avant la guerre, obsédés par les questions de politique intérieure, les querelles de partis, l'illusion qu'un pays peut vivre pour lui-même, sans s'occuper d'autrui, les Anglais, dans leur grande généralité, s'imaginaient qu'il suffisait de quelques formules et de quelques principes pour régler avec l'étranger les difficultés qui pouvaient se présenter. Sur l'un et l'autre rivage de la Manche, les deux démocraties, les deux Parlements se ressemblaient véritablement comme des frères. Et encore des souvenirs douloureux, une expérience quotidienne, un contact trop étroit avec la réalité allemande et la réalité européenne nous donnaient-ils l'avantage sur les Anglais, si confiants et un peu cloîtrés dans leur isolement insulaire.

Ce n'est qu'à mesure que se développait cette immense guerre qu'ils ont compris ce qu'elle était, qu'ils ont compris ce qu'était l'Allemagne, qu'ils ont commencé à s'apercevoir, - notion tout à fait nouvelle pour eux, - que l'Allemagne n'était pas un État comme un autre, un État avec lequel on pourrait s'entendre comme avec un autre, une fois les questions litigieuses réglées les armes à la main.

Nous avons de nombreux témoignages du grand travail d'esprit qui se fait, en Angleterre, des réflexions qui surgissent de tous côtés à ce sujet. C'est surtout dans les revues anglaises, si variées et si vivantes, que l'on trouve le miroir des idées nouvelles qui mûrissent dans l'élite du pays. Ce qui préoccupe le plus, et avec raison, les Anglais qui prévoient et qui pensent, c'est la question de savoir ce que sera l'Allemagne dans l'avenir, quelles sortes de relations pourront exister avec elle après la guerre et sur quelles bases ces relations pourront être établies. Ce sont des « anticipations », comme dit Wells, qui y excelle, qui souvent s'abuse parce qu'il est plus facile de parler de la planète Mars que du Balkan, mais qui parfois aussi a du bon sens. Ces anticipations ne sont pas un mauvais exercice parce que, grâce à elles, une méthode et une doctrine s'élaborent. Là-dessus, nous pourrons, à l'aide de nos expériences antérieures, contribuer à éclairer nos amis Anglais sur le problème allemand.

La diversité des opinions est encore très grande chez eux. Comme pour un public à qui ces questions sont neuves, toutes les situations sont tour à tour examinées. Il y en a d'extrêmement radicales, comme celle du *John Bull*, qui restaure, même en l'aggravant, le système des traités de Westphalie. Il y a la suggestion, très politique, de la *National Review*, qui demande que l'Entente ne consente jamais à traiter avec le bloc de ses ennemis, ne commette pas la faute de reconnaître l'existence de l'association qui s'étend de Berlin à Constantinople. Et il y a encore dans la *Nation*, dont les tendances pacifistes sont connues et que la presse allemande met beaucoup de zèle à citer, une idée qu'il faut relever tout de suite pour la réfutation qu'elle appelle.

La *Nation* écrit qu'un certain nombre d'Anglais seraient de l'avis suivant : « Le système politique actuel de l'Europe, uniquement fondé sur la guerre, peut prendre fin dès que l'Allemagne sera disposée à ne plus faire d'objections à une solution des questions internationales par un arbitrage pacifique, ou bien par des négociations en commun, autour d'une table ronde. » Il nous suffira de rappeler ici un point d'histoire *à la Nation* et aux Anglais qu'elle inspire ou dont elle s'inspire.

En 1905, après l'affaire de Tanger, c'était l'Allemagne qui obligeait la France à comparaître devant le tribunal d'Algésiras. L'Allemagne, sans droit, avait exigé ce jugement, commis, comme on dit au Palais, cet abus de citation. Elle en fut d'ailleurs la victime. Non seulement elle perdit son procès, mais encore elle vit se former contre elle une véritable ligue, que le prince de Bülow voulut nommer alors ironiquement « la constellation très surfaite d'Algésiras », mais qui n'en était pas moins l'esquisse de la coalition d'aujourd'hui.

Depuis, pas plus en 1908-1909 (crise européenne de l'annexion de la Bosnie) qu'en 1914, l'Allemagne n'a jamais consenti à retourner devant un tribunal européen. Elle savait qu'elle y serait toujours en minorité. Et, c'est pourquoi, depuis lors, elle avait fait reposer toute sa diplomatie sur l'intimidation et la force des armes. Elle ne peut plus reparaître aujourd'hui autour d'une « table ronde » que pour y faire amende honorable et y subir la loi de l'Europe, à qui elle a voulu imposer la sienne. À cela, elle ne sera disposée que quand elle sera battue.

Battre l'Allemagne : c'est toujours à cette unique conclusion que ramènent les hypothèses que l'on envisage. Et la solution suggérée par la *Nation* conduit, comme toutes les autres, à reconnaître cette nécessité.

L'Action française, *29 septembre 1916.*

Chapitre 9

Le triumvirat anglais et M. Lloyd George

L'Action française, *7 décembre 1916.*

LE régime parlementaire anglais subit, du fait de la guerre, de violentes secousses. Il se défend encore, c'est-à-dire qu'il défend ses usages, sa constitution, son être. Il vient de rendre impossible une combinaison Bonar Law parce que la majorité du Parlement n'a pas admis que le chef de la minorité unioniste fût chargé de former le ministère. Mais le triumvirat que paraît devoir diriger M. Lloyd George, avec M. Bonar Law et sir Edward Carson, sera-t-il beaucoup plus conforme aux vieilles règles du jeu ? Cette espèce de directoire de guerre est une révolution dans les annales de la vie politique anglaise. Et la nécessité qui s'est fait sentir d'un organe nouveau prouve que le système anglais était au-dessous de sa réputation, puisqu'il a fallu en sortir et déroger *à* ses principes pour assurer le salut de la nation.

Carlyle écrivait déjà au milieu du siècle dernier : « La chose dont nous avons le plus besoin, n'est pas un Parlement élu avec toujours plus de perfection, mais quelque réalité de gouverneur souverain qui préside le Parlement. » Ce gouverneur souverain, ou, pour employer le vrai mot, ce dictateur, sera-t-il M. Lloyd George ? Singulier destin pour ce démocrate, pour l'homme public qui a commencé sa popularité par la guerre contre les lords et pour les droits absolus de la Chambre des Communes ! Une autre guerre est survenue et M. Lloyd George ne la mène pas avec moins de vigueur. Mais elle l'a conduit, avec l'appui de l'opinion publique, à exécuter un véritable coup d'État intérieur et civil contre M. Asquith, chef reconnu de la majorité parlementaire, investi de la confiance de cette majorité. C'est un étrange avatar dans la carrière de M. Lloyd George. Pour les institutions britanniques, c'est une crise sans précédent.

L'Angleterre avait eu à subir, jadis, l'épreuve d'une guerre continentale aussi redoutable que celle-ci. Elle en était sortie victorieuse sans toucher à l'arche de son régime parlementaire. De là est venue l'illusion que ce régime était le meilleur de tous, le dernier mot de la sagesse politique. Mais le Parlement anglais, au temps de Pitt, était encore l'instrument d'une aristocratie. Pour cette raison, en dépit des tares et des faiblesses que lui ont trouvées, même à cette période de triomphe, des historiens comme Macaulay, le système anglais a pu faire bonne figure dans le monde et sortir de la lutte contre Napoléon revêtu d'un prestige nouveau. Le régime parlementaire démocratisé du vingtième siècle n'aura pas eu la même fortune. Il subit les critiques les plus âpres, comme celles que vient encore de lui adresser, dans une lettre retentissante, M. Frédéric Harrison. Il a dû renoncer déjà à quelques-uns de ses principes, subir des métamorphoses parce qu'il s'est montré inférieur aux exigences de la situation. Où ces métamorphoses s'arrêteront-elles ? Qui peut répondre que le triumvirat d'aujourd'hui sera suffisant demain ?... M. Lloyd George disait l'an dernier, d'un mot peut-être imprudent : « Cette guerre est une guerre de la démocratie. » Nous voyons aujourd'hui que la guerre agit sur la démocratie autant que la démocratie sur la guerre.

L'Action française, *7 décembre 1916.*

Chapitre 10
Le sous-marin ressuscite l'agriculture

L'Action française, *9 mars 1917*.

COMME instrument de guerre proprement dit, le sous-marin aura été moins redoutable que ne l'espéraient les Allemands. Comme machine à détruire les illusions et à torpiller les idées, c'est une arme de premier ordre. On doit déjà au submersible une révolution dans les esprits anglais qui ne peut manquer d'en entraîner une autre dans la vie sociale et politique de l'Angleterre.

Qu'est-ce qui se trouve atteint, surtout, par le blocus allemand ? C'est le *Free trade*, c'est le libre-échange. C'est à lui et non pas au Royaume-Uni que Guillaume II a porté le coup de grâce lorsque, le 31 janvier, il a lancé son décret de guerre sous-marine sans pitié.

« Laissez faire, laissez passer » : la médaille sur laquelle était frappée cette maxime de la liberté économique sans limites n'avait pas encore révélé tout ce qui était inscrit au revers. M. Lloyd George, dans son discours sur les restrictions, aura appris aux habitants de l'île fortunée que s'ils laissaient faire et s'ils laissaient passer, comme le reste, les submersibles de Guillaume II, ils seraient tout simplement exposés à manquer de pain. Immense découverte pour nos alliés insulaires. Ils l'ont acceptée virilement, magnifiquement, comme ils acceptent toujours les faits arrivés, les vérités d'expérience. Mais c'est toute l'idéologie mercantile sur laquelle ils vivaient depuis quatre-vingts ans que le discours de M. Lloyd George a fait sombrer.

Des prophètes comme Carlyle leur avaient annoncé que ça ne durerait pas. Carlyle avait prédit la fragilité d'un système qui consiste à croire qu'un pays peut se procurer ce qui est nécessaire à sa subsistance sans le produire lui-même, qu'un commerce prospère suffit à assurer le pain quotidien, qu'il n'est pas indispensable de faire pousser du blé du moment qu'il rentre de l'or. N'a-t-on pas tout avec de l'or ? Mais l'or lui-même devient, à la longue, trop matériel. Le crédit suffit. La Banque d'Angleterre commençait à s'affranchir du vieux préjugé du bas de laine, de la cave remplie, comme celle de la Banque de France, de louis et de livres sterling. De l'or, on passe donc aux billets. Des billets aux chèques. Puis tout se volatilise à la « Chambre des compensations ». L'argent n'est plus qu'un mythe, un symbole. Tout se résout en opérations arithmétiques. En même temps, les réalités du pain quotidien, payé par des remises sur l'Amérique, se volatilisent aussi. Survient le submersible que n'avaient prévu ni les « pères du *Free trade* » *ni* Carlyle lui-même. L'Angleterre s'aperçoit alors, comme l'écrivait l'autre jour un de ses publicistes les plus aigus, que, depuis bientôt un siècle, elle a « vécu de produits étrangers et de mensonges nationaux ».

Sans s'effrayer de ce qu'ils ont vu, les Anglais viennent de découvrir la fragilité de la base sur laquelle reposait leur vie nationale. Ils comprennent que l'erreur première découle de ceci que les auteurs de leur système économique ont cru à la paix perpétuelle, ou plutôt parié pour la paix perpétuelle. Les Anglais d'aujourd'hui paient pour la funeste gageure de Cobden qui, ayant vécu dans les temps privilégiés où il n'y avait pas d'Allemagne, avait pu philosopher à son aise sans retrancher à son *breakfast* la moindre tartine beurrée.

M. Garvin écrivait l'autre jour dans son journal une formule qui nous plaît d'autant plus qu'elle s'accorde avec les observations que nous avons présentées nous-même ici à plusieurs reprises depuis quelques mois : « Nous avons, disait-il, redécouvert ce fait primitif que la question de nourriture est à la base de toute autre question, grande et petite. » Et M. Garvin rappelle aux Anglais qu'ils auront trop longtemps répété le *Pater noster,* qu'ils nomment en leur langue le *Lord's Prayer,* sans comprendre le sens profond du verset sur le pain quotidien.

La réalité du grain de blé, la fantasmagorie du libre-échange, de la loi de concurrence et des autres principes de la liberté économique, voilà ce que le sous-marin est venu apprendre aux Anglais. Un peuple qui ne produit pas lui-même de quoi assurer seulement le quart du froment nécessaire à le nourrir est un peuple qui ne vit pas dans des conditions naturelles. Un pays dont la production en blé est tombée en soixante-dix ans des deux tiers, tandis que sa population faisait plus que doubler, est un pays qui est dirigé par des idées fausses. Les Anglais s'aperçoivent aujourd'hui qu'ils ont commis une faute immense en laissant perdre leurs traditions rurales, que leurs Parlements se sont trompés en négligeant l'agriculture, en sacrifiant le labour, en votant des lois qui avaient pour effet de pousser Hodge - le Jacques Bonhomme britannique - à déserter ses sillons et son village pour aller travailler dans les usines des villes...

Un retour à la terre, et par conséquent une politique protectionniste, l'abandon du libre-échange : voilà une forme de réaction qui paraît certaine dans la vie anglaise et qu'on peut attendre comme un des résultats de la guerre. Qui sait quelle vieille Angleterre ne sera pas ressuscitée par le sous-marin ?...

Mais déjà, chez tous les belligérants, l'agriculture, comme aux temps anciens, a montré qu'elle restait la mère et la nourrice des peuples. Pour nos protectionnistes, c'est l'heure de la revanche, celle qui prouve qu'ils ont eu raison. Dans les pays germaniques, les agrariens, - qui, eux, exploitent odieusement la circonstance, - triomphent et ne s'en cachent pas. C'est pourquoi nous croyons qu'après la guerre la terre, la bonne terre de France, vengée des mépris, connaîtra ses plus beaux jours. Déjà s'annoncent les signes d'une merveilleuse prospérité. Il y a, je le sais, beaucoup de découragés, de sceptiques. J'ai bien entendu leurs doutes. Nous reviendrons, une autre fois, sur cette question de la terre. Mais n'oublions pas que, de longtemps, la grande expérience que les hommes viennent de faire ne sera pas perdue pour eux et qu'après avoir connu le rationnement ou entrevu la disette, la question du pain quotidien ne s'éloignera plus de leur esprit.

L'Action française, *9 mars 1917*.

Chapitre 11

Le cas de Lord Lansdowne

L'Action française, *13 Mars 1918.*

APRÈS sa première lettre au Daily *Telegraph,* où il conseillait aux Alliés de signer une paix de compromis, le marquis de Lansdowne avait reçu une délégation d'admirateurs qui lui apportaient une adresse, des fleurs et un bronze d'art. Nous sommes curieux de savoir ce que feront cette fois-ci les admirateurs et si le bronze d'art sera plus grand ou plus petit. Mais ce pair très conservateur a déjà l'approbation des pacifistes. En France, ce sont des socialistes comme M. Sembat qui l'ont défendu. C'est le monde renversé.

Pourquoi ce renversement ? Un peu d'histoire va répondre.

Il y a neuf ans, M. Lloyd George faisait en Allemagne un voyage retentissant qui coïncidait avec une visite d'Édouard VII chez Guillaume II. Le jeune ministre radical se flattait de mettre à droite ce qui était à gauche et réciproquement. Il déclarait la paix à l'Allemagne et la guerre à la Chambre des lords. Il allait voir à Berlin s'il n'y aurait pas moyen de s'entendre sur la limitation des armements et il était parti plein de confiance... Chimère. M. Lloyd George ayant reconnu son erreur a, depuis, appelé sept lords dans son ministère et il personnifie la défense nationale et la volonté de résistance au militarisme prussien.

Le tort que l'avènement au pouvoir des libéraux anglais, en 1905, aura fait à la cause de la paix est trop clair, trop avoué par la volte-face d'un radical comme M. Lloyd George lui-même pour qu'il y ait besoin d'y insister. Parmi ses manies et ses marottes, le parti libéral avait surtout celle du désarmement. C'est pourquoi, en dépit des avertissements de lord Rosebery et de lord Esber, il n'a pas organisé l'armée qui eût été nécessaire pour limiter les ambitions et les appétits de l'Allemagne. Bien plus, il a laissé décroître la puissance navale anglaise, Et, par là, le parti libéral a eu la responsabilité de convaincre l'Allemagne qu'une guerre européenne trouverait l'Angleterre distraite, désarmée, affaiblie. C'est une des causes qui ont notoirement encouragé l'agression allemande.

Par cette politique de laisser aller, le gouvernement des libéraux avait tout simplement mis par terre la combinaison politique qu'Édouard VII avait conçue et dont lord Lansdowne avait été l'exécutant. C'est ici que s'expliquent l'attitude actuelle de l'ancien ministre des Affaires étrangères du parti conservateur et la marche de son raisonnement : il en est resté au 21 juillet 1905, à la chute du cabinet Balfour.

Il est faux qu'Édouard VII ait, jamais voulu encercler l'Allemagne et que, par d'astucieuses alliances, il ait préparé la guerre. Édouard VII voyait d'un œil clair le péril allemand. Il voulait tenir l'Allemagne en respect, rétablir l'équilibre menacé par l'accroissement de puissance de l'Allemagne et c'est pourquoi il fit et l'Alliance japonaise, et l'Entente cordiale, puis la Triple-Entente. Mais c'était justement pour éviter la guerre que le roi Édouard se préoccupait de disposer ces contre-poids. Il connaissait bien les Allemands et leur Empire. Il savait que le moyen de les empêcher d'abuser de leur force, c'était de leur montrer d'autres forces toutes prêtes à entrer en action.

Au demeurant, nulle politique n'a été moins provocatrice que la sienne et, par des rapports constants avec Guillaume II, il s'efforçait de prévenir les heurts et les malentendus. Édouard VII a vu le monde tel qu'il était. Il prenait, pour épargner à l'Europe la catastrophe qui la menaçait, les seuls moyens efficaces qui sont les moyens reconnus bons par l'expérience. Édouard VII ne voyait de garanties pour la paix que dans une active diplomatie soutenue par la puissance militaire. Non seulement il ne désirait pas la guerre, mais encore il mettait tous ses efforts à l'éviter. A la mort de ce grand homme, M. André Tardieu résumait ainsi sa pensée. « La guerre n'est jamais fatale. Elle ne l'est point surtout quand elle ne peut être décisive et une guerre anglo-allemande ne serait pas décisive. »

Voilà les anciennes idées sur lesquelles lord Lansdowne continue de vivre. Édouard VII est mort en 1910. Souverain constitutionnel, il avait, depuis 1905, loyalement laissé faire les radicaux-libéraux. Lord Lansdowne se croit toujours en 1905. Il croit possible de revenir à la politique de pondération d'Édouard VII. Lord Lansdowne vit dans un temps révolu.

Peut-être, il y a dix et douze ans, était-il permis de voir dans l'Allemagne une puissance comme les autres, avec qui l'on pouvait entretenir des relations normales comme avec les autres. Si c'était alors une illusion, aujourd'hui, c'est plus qu'une erreur. Ni la France, ni l'Angleterre ne sont plus à égalité vis-à-vis de l'Allemagne depuis que, par l'écroulement de la Russie, l'équilibre a été détruit. Lord Lansdowne s'imagine-t-il que l'équilibre puisse être rétabli à volonté ? S'imagine-t-il qu'on puisse revenir sur douze ans d'histoire et sur les effets produits jusqu'ici par la guerre en offrant à l'Allemagne d'en revenir à 1905 ?

Lord Lansdowne assiste aux bombardements de Londres comme nous assistons à ceux de Paris. Ne comprend-il pas ce qu'ils signifient ? Ils veulent dire, pourtant, que l'Allemagne est indifférente à tous les usages qui étaient jadis respectés entre les États. Ils veulent dire qu'elle se regarde comme placée au-dessus des conventions internationales. En 1914, l'Allemagne a défié l'Europe, alors qu'en 1905, au moment d'Algésiras, elle en acceptait encore les verdicts. En 1918, elle se rit plus cyniquement qu'en 1914 de toutes ces lois qui, même en guerre, maintenaient un certain niveau de civilisation et d'humanité. Et c'est avec cette Allemagne-là que lord Lansdowne conçoit la possibilité d'un contrat comme on les signe par devant notaire ?

Sous le règne d'Édouard VII, lorsqu'une guerre anglo-allemande était évoquée, on pouvait croire qu'elle ne serait pas définitive et que les deux grands États se balanceraient. Les Allemands, qui l'ont cru longtemps, ne le croient plus. Ils ont entrepris la guerre sous-marine illimitée avec tous ses risques, parce que leur espérance a été de mettre l'Angleterre à genoux. Ce qu'ils recherchent ce n'est pas l'équilibre : ils veulent consolider et rendre définitif l'état de choses créé à leur profit par la destruction de l'équilibre européen.

Lard Lansdowne songe à une sorte de paix d'Amiens. Mais la paix d'Amiens n'a été qu'une trêve dans une Europe où l'Angleterre trouvait encore des éléments nécessaires à la reprise d'une lutte qui, cette fois, devrait amener une décision. Lord Lansdowne a l'air de croire que la situation est la même. Il est dans l'erreur. La décision, aujourd'hui, c'est l'Allemagne qui veut l'obtenir.

Lord Lansdowne s'y trompe. Édouard VII, s'il vivait encore, ne s'y tromperait pas.

L'Action française, *13 Mars 1918.*

Chapitre 12

France et Angleterre

L'Action française, *29 Mars 1918.*

Il n'y a qu'à jeter les yeux sur la carte pour voir l'objectif de l'offensive ennemie : il s'agissait, pour les Allemands, de séparer les forces anglaises des nôtres, de briser la soudure des deux armées pour les combattre ensuite isolément, Et cela, c'est l'image même de la politique allemande. Rompre l'alliance anglo-française, c'est un désir qui mord violemment l'Allemagne au cœur.

Raison de plus, pour nous, de tenir à cette alliance. Si elle est en ce moment à l'épreuve, c'est le signe qu'elle était nécessaire. Elle résiste, et c'est le signe que le monde sera affranchi du joug allemand. De même que tout repose, à l'heure présente, sur la liaison des deux armées, tout repose dans l'avenir sur l'union des deux pays.

Comme on comprend que les Allemands la détestent, cette alliance franco-britannique ! C'est elle qui fait le grand barrage d'Occident. C'est elle qui empêche l'hégémonie allemande. Sans elle, l'équilibre européen serait rompu au profit de l'Allemagne et Guillaume II aurait gagné la partie. Et si les autres pays de l'Entente tiennent, c'est parce que le bloc franco-anglais est solide. Ce bloc rompu, ce serait le commencement de la fin. Les Allemands qui voient cela, s'exaspèrent de l'obstacle, et ils lancent contre lui divisions sur divisions...

La résistance des deux armées alliées à ces assauts furieux, c'est celle de deux grands peuples dont chacun a ses traditions de valeur militaire. C'est aussi la résistance d'une idée. Avant de subir l'épreuve des champs de bataille et de se tremper au feu, l'alliance franco-anglaise a été une idée, entrevue et soutenue, comme toutes les idées nouvelles, par une élite seulement. L'expérience de la guerre a montré combien cette idée était juste et féconde. Elle l'a fait entrer dans l'histoire et dans les faits. L'alliance est devenue nécessaire à l'existence de l'une et de l'autre nation. Pour une foule de choses matérielles et morales, avant 1914, toutes deux étaient déjà complémentaires. Des échanges intellectuels et commerciaux, on en est venu à la coopération politique et militaire. L'expérience l'a prouvé : pour être féconde, cette coopération ne sera jamais assez intime. Depuis 1914, il est clair que nous ne pouvons plus nous passer les uns des autres. Au moment précis où nous sommes, c'est une question de vie ou de mort.

Cette collaboration des deux peuples riverains de la même mer, elle avait été conçue et recommandée par de grands esprits longtemps avant d'être appliquée. Dès la fin du dix-huitième siècle, trois ans avant la Révolution, Mirabeau, qui avait l'avantage de connaître la Prusse et qui avait distingué le péril du militarisme prussien, disait que le principe d'une alliance franco-anglaise serait « le sauveur du monde ». Et il ajoutait, par un véritable prophétisme, et dans un langage qui est celui-là même dont nous devons nous servir aujourd'hui : « Il n'y a qu'un plan, qu'une idée lumineuse, qu'un projet assez vaste pour tout concilier : c'est celui qui confierait aux soins paternels et vigilants de la France et de l'Angleterre la paix et la liberté des deux mondes. »

Après Mirabeau, nos grandes intelligences politiques du dix-neuvième siècle avaient vu aussi que le salut était là. Talleyrand, Louis-Philippe, en véritables précurseurs, étaient pour l'alliance anglaise. Que ne s'est-elle nouée solidement plus tôt ! D'immenses malheurs eussent été épargnés à l'Europe. Du moins, à travers les hésitations et les erreurs de la politique européenne du siècle dernier, hésitations et erreurs qui ont eu pour résultat la formation d'une grande Allemagne, la France et l'Angleterre tendaient toujours à s'associer. Elles ne se seraient pas cherchées si elles ne se fussent déjà trouvées. Toutes ces « ententes cordiales » qui ont précédé l'alliance définitive annonçaient l'avenir. Elles étaient dans la bonne ligne. Elles étaient dans la vérité.

C'est un instinct juste et infaillible, l'instinct vital, qui avait retenu la France et l'Angleterre, au moment de Fachoda, d'aigrir leur querelle. On frémit en pensant à ce qui fût arrivé si une guerre, véritablement fratricide, eût éclaté alors. C'eût été la victoire certaine de l'Allemagne, une victoire sans peine et sans efforts gagnée d'avance sur une Europe divisée.

Par bonheur, ce funeste malentendu fut évité. Instruites par l'expérience, la France et l'Angleterre firent « ardoise nette » de leurs différends coloniaux. Il était temps, il n'était que temps. Mais comme nous voyons aujourd'hui, et avec quelle clarté, que les empires coloniaux se défendent sur le continent et que le sort du Niger, du Zambèze et du Gange lui-même se décide sur les bords de la Somme !

La France et l'Angleterre sont unies par toutes les forces de la nature et de l'histoire pour défendre en commun leur liberté, leurs possessions et leurs richesses. Tous leurs intérêts sont solidaires et ils ne forment qu'un tout. En face de la ruée allemande il n'y a plus, d'un bord à l'autre de la Manche, qu'un seul pays. Tous les anciens particularismes s'effacent. De même, qu'il n'y ait plus, devant l'ennemi, qu'une seule armée !

La France et l'Angleterre, pour leur propre bien, ont trop tardé à s'allier. Alliées, elles ont trop tardé à n'avoir qu'une seule pensée et une seule tête. L'expérience est là qui parle haut : l'heure du chef unique est arrivée.

Chapitre 13

À Londres et à Weimar

L'Action française, *5 juillet 1919.*

M. Lloyd George a rendu compte devant la Chambre des Communes des travaux de la Conférence et il a pu s'apercevoir qu'il avait eu tort de lire le Manchester Guardian au point d'en oublier sa majorité. Les passages les plus applaudis de son discours ont été ceux où il a retrouvé sa verve guerrière. Quand il a cru nécessaire de dire en quoi le traité était dur pour l'Allemagne et pourquoi il était nécessaire qu'il fût dur, il a enfoncé une porte ouverte.

La partie vraiment intéressante de son exposé, c'est celle où M. Lloyd George a indiqué les étapes par lesquelles avait passé son esprit. Toute la psychologie de la Conférence et de la paix tient dans ces quelques lignes. Il y avait trois méthodes à appliquer à l'Allemagne, selon le chef du cabinet britannique. La première consistait à lui dire : « Désormais ne péchez plus. » La seconde consistait à « aller à l'autre extrême » et à traiter l'Allemagne comme Rome avait traité Carthage et la Prusse la Pologne. La troisième, c'était d'obliger l'Allemagne à réparer ses torts, tout en la ménageant assez pour ne pas détruire son existence nationale, « ce qui eût été une lourde faute ». C'est la méthode que la Conférence a adoptée.

En développant ces idées devant la Chambre avec des images amusantes, M. Lloyd George a obtenu des succès de rire et d'indignation comme il est facile d'en trouver dans les réunions publiques ; et les parlements d'aujourd'hui, même à Londres, ne sont guère plus que des réunions publiques. M. Lloyd George est un inventeur remarquable de métaphores populaires qui empruntent les aspects du bon sens. Mais les métaphores ne sont pas de la politique et la politique que M. Lloyd George a vantée part d'une faible conception.

Il ne s'agissait pas de pardonner à l'Allemagne ou de la détruire comme Carthage et comme la Pologne. L'Allemagne n'a absolument rien de commun avec la cité carthaginoise et si les Romains avaient eu affaire au pays de Ludendorff, ils ne se seraient pas comportés comme avec le pays d'Annibal. Mais si l'Allemagne avait été Carthage, l'Angleterre aurait fait exactement ce qu'avaient fait les Romains et elle l'a bien prouvé en commençant par supprimer net l' « existence nationale » de l'Allemagne sur les mers.

Sur terre, le point de vue était différent et c'était l'expérience de la politique française qu'il eût fallu écouter. M. Lloyd George, qui n'avait jamais entendu parler de Teschen jusqu'à l'âge auquel il est parvenu parce que cette ville n'est pas citée dans la Bible, ne sait pas non plus qu'il y avait un autre moyen de traiter l'Allemagne que celui de ménager son « existence nationale », c'est-à-dire, en fait, de sauver, avec son unité, sa puissance politique. Les Alliés ne sont pas les premiers mortels qui aient eu à s'occuper du problème allemand. Ils ont eu des prédécesseurs qui n'ont pas estimé non plus que la solution consistait à couper le cou de tous les Allemands et à raser leurs villes, mais qui avaient sagement favorisé leurs instincts et leurs goûts particularistes et avaient garanti l'Europe contre un retour à l'Empire de Charles-Quint.

Presque en même temps que M. Lloyd George parlait à Londres, la nouvelle Constitution allemande était discutée à Weimar. On se serait cru à cette Assemblée de Francfort qui, en 1848, a préparé les voies à Bismarck. L'Empire démocratique, deux mots qui ne s'excluent pas, quoi qu'en ait dit un jour M. Clemenceau, y a été proclamé, et cet Empire sera unitaire, plus unitaire que celui de Guillaume II. Quelque Hohenzollern n'aura plus qu'à le gouverner comme

M. Delbrück y compte. Mais, avec ou sans Hohenzollern, républicain ou monarchique, l'État unitaire allemand sera là. L'Europe, un jour ou l'autre, devra compter de nouveau avec lui. Alors il faudra trouver à Londres d'autres métaphores et qui ne seront plus drolatiques.

L'Action française, *5 juillet 1919*.

Chapitre 14

La convention du 17 septembre et la bible

L'Action française, *22 septembre 1919*.

LA presse britannique commente favorablement l'accord du 17 septembre sur la Syrie. Elle y voit la promesse d'une collaboration franco-anglaise dans ces régions où, selon l'expression du *Times, il* y a « de l'ouvrage et de la place pour tout le monde ». Et le même journal convient galamment qu' « après tout, Syrie, Palestine, Arabie et Mésopotamie sont en réalité un seul et même pays avec des intérêts communs ».

La Syrie étant une unité, on s'explique mal l'insistance avec laquelle le *Times* revient sur l'État juif de Palestine et les frontières stratégiques nécessaires à cet État prétendu. Le sionisme est une des fautes lourdes de l'Angleterre. Les populations tant chrétiennes que musulmanes de la Palestine, qui sont la majorité, en ont horreur. Les juifs intelligents d'Europe n'en veulent pas, d'abord parce qu'ils savent que l'entreprise sioniste est vouée à l'échec, et ils n'aiment pas ce qui échoue, ensuite parce que la formation d'un État juif impliquerait une nationalité juive et renforcerait l'idée antisémite dans les pays européens.

Le *Times* n'en persiste pas moins à chercher les moyens de réaliser « l'idéal biblique d'un peuple uni de Dan à Berséba ». La Bible a bon dos dans cette affaire. Car enfin, l'Ancien Testament n'a pas connu le canal de Suez. Et comme c'est, de toute évidence, la sécurité du canal et les routes de l'Inde qui intéressent nos Alliés, il y aurait profit, pour eux comme pour nous, à le dire franchement.

Tout en reconnaissant l'unité de la Syrie, tout en parlant de collaboration franco-anglaise, le *Times* se préoccupe surtout, comme nous venons de l'indiquer, des frontières stratégiques de la Palestine. Il remonte à l'histoire du peuple d'Israël pour chercher à définir quelles doivent être, au Nord et à l'Est, les limites de l'évacuation par les troupes britanniques. Nous aimons mieux dire tout de suite au Times que personne ne prend au sérieux ce zèle pour la Palestine biblique. Il ne s'agit plus de protéger le royaume d'Israël contre le roi Salmanasar, à moins que le roi Salmanasar ne s'incarne dans l'émir Fayçal auquel les Anglais, et c'est encore une de leurs erreurs, ne renoncent pas.

L'Angleterre veut une couverture pour l'Égypte. C'est naturel. C'est même légitime. Mais alors, qu'elle laisse tranquille la tribu de Juda, Salomon, Salmanasar et la Bible, et qu'elle parle des affaires sérieuses.

L'Action française, *22 septembre 1919.*

Chapitre 15

Le père du traité

L'Action française, *25 septembre 1919*.

LA nation s'inquiète d'avoir une paix qui est au-dessous de sa victoire ; une paix au-dessous des promesses qui lui ont été faites, au-dessous de ses mérites et de ses efforts ; une paix qui n'apporte même pas la justice distributive entre les Alliés vis-à-vis des ennemis.

En s'exprimant ainsi à la Chambre, M. Louis Marin a résumé sa forte critique du traité de Versailles. Cette victoire ne paie pas. Cette paix ne garantit pas. Et c'est la France, surtout, qui n'est ni payée, ni garantie. Pourquoi ?

Nous le saurons en remontant aux causes premières. Lorsque M. Wilson et M. Lloyd George sont arrivés à la Conférence de Paris, ils y venaient avec une philosophie et une morale façonnées depuis leur enfance, avec des idées formées par l'école et le prêche, renforcées de la littérature et de la rhétorique auxquelles la guerre a donné lieu. Ils étaient, en outre, entourés d'un état-major dont l'action n'est pas assez connue, d'une sorte de séminaire où cohabitaient des idéalistes, des spirites tourneurs de tables rondes et des financiers. Voilà d'où sont sortis les principes directeurs de la paix, acceptés et prônés du côté français, par le petit groupe des « normaliens » à qui sont assurées de bonnes places, rétribuées en livres sterling, dans le bureau de la Société des Nations.

Celui de ces principes qui domine et qui a réglé tous les autres, M. André Tardieu l'a apporté à la tribune de la Chambre lorsqu'il a dit : « Ce traité, qui démontre d'une manière éclatante que le militarisme ne paie pas, est un traité sain. » Mais la théorie du « traité sain » n'est pas de M. Tardieu. Elle a été lancée et affirmée avant et pendant la guerre. C'est M. Norman Angell qui a travaillé, pour le compte des hommes d'affaires puritains, à répandre l'idée qu'il était immoral et « malsain » que la victoire récompensât le vainqueur. C'est M. Norman Angell qui est le véritable père spirituel du traité.

Son livre fameux, la *Grande Illusion,* paru à la veille de la guerre européenne, n'avait pas eu le don de convaincre l'Allemagne ni de la détourner de chercher à « réaliser » sa puissance militaire. En revanche, l'affirmation que la guerre, même heureuse, ne pouvait profiter à ceux qui l'entreprendraient, a peut-être contribué à endormir les puissances occidentales. La guerre ayant éclaté, M. Norman Angell ne voulut pas avoir le démenti de son livre. Il vit nettement, c'est une justice à lui rendre, que la victoire des Alliés était certaine et que L'Angleterre, tenant l'Allemagne, ne la lâcherait pas. Mais, tout de suite, il eut soin de dire comment cette victoire devrait être stérile - au moins pour les autres que les Anglais.

Dès 1915, la brochure de M. Norman Angell, la *Guerre européenne détruira-t-elle le militarisme allemand ?* était traduite en français. Il est curieux de la relire aujourd'hui. Toutes les discussions du Conseil suprême sont là. L'esprit général du traité de Versailles, qui consiste à ménager l'Allemagne comme puissance politique, y est aussi. Pas un des arguments de M. Tardieu en faveur du respect de l'unité allemande qui ne puisse s'y rencontrer. Pas un des motifs qui ont fait écarter le mémoire du maréchal Foch sur notre frontière du Nord-Est qui ne s'y trouve tout au long. Car M. Norman Angell avait écrit qu'il faudrait mettre la France en garde contre « la griserie fatale qui accompagne la victoire militaire ».

Battre l'Allemagne mais non l'écraser, ce qui serait

« une manière prussienne de raisonner » ; repousser l'agression germanique, mais se donner ensuite pour but la « coopération » avec les Allemands, de façon à devenir « leurs collaborateurs et leurs associés dans une Europe que personne ne dominera mais que tous partageront » ; à cette fin, former une « Fédération des Nations » (M. Wilson n'a rien inventé) dont « les États germaniques feraient partie au même titre que les autres États de l'Europe » ; se garder de toucher à l'unité allemande, de songer même à une fédéralisation de l'Allemagne, parce que le nationalisme allemand n'en serait que davantage excité... Toutes ces idées, on les reconnaît. Et M. Norman Angell peut en revendiquer la paternité à M. Albert Thomas.

Pour montrer comment « raisonnait » M. Norman Angell, il suffit de s'en rapporter au parti qu'il tirait du relèvement militaire de la Prusse après Iéna. « C'est de l'écrasement de la Prusse à Iéna, disait la brochure de 1915, que date la renaissance de la conscience nationale allemande et le désir des Allemands pour l'unité politique. » Donc, il ne fallait pas « écraser » l'Allemagne. Il fallait même lui laisser la Silésie et déclarer Dantzig ville libre, c'est-à-dire répéter à Versailles les fautes de Tilsitt. Quand, depuis Henri Heine, on sait que l'erreur de Napoléon fut d'avoir épargné la Prusse, quand vingt ouvrages des meilleurs historiens ont montré que le faux calcul de Napoléon s'inspirait du vieux préjugé prussophile du dix-huitième siècle, quand la « clémence d'Iéna » est devenue un lieu commun, on rougit pour les négociateurs français de 1919 qu'ils en soient réduits à balbutier les sophismes ignorants d'un hypocrite puritain.

L'Action française, *25 septembre 1919.*

Chapitre 16

Pour « sauvegarder nos alliances »

L'Action française, 19 février 1920.

Hier, en transmettant ses pouvoirs à M. Paul Deschanel, M. Raymond Poincaré a prononcé des paroles où s'exprime le souci de l'avenir. « Vous aurez, a dit M. Poincaré à son successeur, à garantir la permanence de notre politique extérieure, à sauvegarder nos alliances, à vivifier la Société des Nations, à faire de la paix, qui n'est aujourd'hui encore qu'une espérance et un nom, une chose acquise et indestructible. » Derrière chacun de ces mots mesurés et choisis, il y a un avertissement. Et l'homme qui le donne est un homme qui sait. Celui qui a recueilli le dépôt sait aussi. M. Deschanel n'a-t-il pas dit, quelques jours avant son élection, que la politique extérieure dominait tout ?

Celle des paroles de M. Poincaré qui, peut-être, frappera le plus, touche à nos alliances. Il faut les « sauvegarder ». Et tout le monde sent bien qu'elles sont sur le point de passer par une crise. Mais comment assurer cette sauvegarde ? Comment assurer, surtout, la durée de cette alliance entre la France et l'Angleterre dont Mirabeau disait déjà que la paix du monde dépendait ? Ne croyons pas qu'elle dure toute seule il faudra le vouloir. Il faudra y penser. Il faudra en trouver les moyens.

Ce n'est pas la peine de faire les hommes plus fous, plus méchants et plus ingrats qu'ils ne sont. S'il nous est pénible de voir nos alliés reprendre leur chemin et fermer leur bourse, le leur reprocher est naïf et n'avance à rien. La victoire dénoue les coalitions aussi sûrement que la défaite. Une coalition ne subsiste que si les raisons qui l'ont formée subsistent elles-mêmes ou sont remplacées par d'autres raisons aussi fortes.

Lorsqu'une grande partie de la presse anglaise répète journellement que l'amitié de la Grande-Bretagne et de la France repose sur des bases solides ; lorsque le gouvernement britannique, à Londres, accueille les membres de notre propre gouvernement avec cordialité et avec le désir d'agir d'accord avec lui, ce n'est pas une feinte de bonne compagnie. Cette presse, ce gouvernement sont sincères. Leur loyauté change-t-elle rien au fait que, depuis la paix, le point de vue de l'Angleterre n'est plus, tant s'en faut, le point de vue de la France ?

L'Angleterre a fini la guerre dès le jour de l'armistice. La puissance maritime de l'Allemagne est brisée. La concurrence allemande est éliminée de la mer. Pour l'Empire britannique, la paix est une paix au comptant, une paix définitive. Pour nous, c'est une paix à terme qui doit être réalisée au cours des années à venir. Nous avons des ruines à relever, des indemnités à percevoir. L'Angleterre n'a pas de ruines. Son indemnité, elle l'a reçue sous une forme indirecte, néanmoins tangible : la disparition d'un rival. Est-ce que ce ne sont pas, entre les Anglais et nous, de très sérieuses différences ?

Celles-là se voient à l'œil nu. Il en est d'autres qui commencent seulement à se dessiner aux yeux des observateurs attentifs. La guerre a eu des effets diamétralement opposés sur l'Angleterre et sur la France. La politique intérieure des deux pays s'en ressent et la politique extérieure suit. La guerre a confirmé chaque peuple dans son être. Pays de propriétaires et de terriens, avec des intérêts surtout continentaux, nous nous sommes montrés ce que nous sommes : un pays profondément conservateur. Industrielle et commerçante, l'Angleterre, qui n'a qu'une faible classe moyenne entre ses ploutocrates et ses prolétaires, offre un mélange de socialisme et de mercantilisme dont les tendances s'accordent sur plus de points qu'il ne semble et l'engagent sur des voies qui ne sont pas les nôtres.

Il est facile de constater que les milieux dirigeants de l'Angleterre sont frappés en ce moment par les progrès du travaillisme. C'est comme si la croyance se répandait que le *Labour* sera le parti qui gouvernera demain. Effectivement, les idées des travaillistes agissent sur les libéraux-radicaux qui, à leur tour, influencent les libéraux et les conservateurs de la coalition qui est en ce moment au pouvoir. Tout se passe comme s'il se formait une doctrine dont le travaillisme serait l'inspirateur. Et elle pousse insensiblement l'Angleterre à s'occuper avant tout de faire vivre ses masses prolétaires. Dans les relations extérieures, cette doctrine se traduit par l'intérêt majeur qui s'attache aux débouchés, au commerce et aux colonies, par une certaine indifférence pour les questions de politique continentale.

Des situations aussi contraires à tous les égards, des besoins si peu semblables, font qu'on parle difficilement le même langage entre Français et Anglais. Nos grandes préoccupations ne sont pas les leurs, que nous comprenons peut-être mieux qu'ils ne comprennent les nôtres. Il est probable que plus nous insisterons sur les affaires d'Allemagne, sur la réorganisation de l'Europe et sur l'équilibre européen, et moins l'Angleterre nous entendra. L'équilibre européen n'intéresse sérieusement l'Angleterre qu'une fois environ par siècle, à l'heure même où il va être rompu sans retour. Quelle que soit la bonne volonté avec laquelle M. Lloyd George et ses collaborateurs écoutent notre gouvernement, leur pensée est ailleurs.

Pour conserver l'alliance franco-britannique, il faut entrer dans les idées anglaises et trouver le point où elles coïncident avec les nôtres comme nos intérêts avec ceux de l'Angleterre. Comment avons-nous obtenu le principe (car on n'en est encore qu'au principe) du maintien des Turcs à Constantinople ? Par des arguments tirés de considérations très particulières et, en premier lieu, de la sécurité des possessions britanniques et de l'inconvénient d'exciter le monde musulman. C'est une méthode qui pourra réussir d'autres fois.

Si le *Labour* arrivait au pouvoir, les tendances qui s'observent aujourd'hui en Angleterre en seraient renforcées. Nous voyons en Australie un travaillisme qui est nationaliste et impérialiste. Le même phénomène se produirait en Grande-Bretagne. Si le pavillon britannique ne flottait pas sur les mers et n'y était respecté, si l'Égypte et l'Inde échappaient à l'Empire britannique, que deviendraient les masses ouvrières anglaises ? Elles n'auraient plus qu'à végéter et à périr. Un gouvernement travailliste conserverait une marine et défendrait les colonies. Il serait protectionniste au dedans, expansionniste au dehors. Il développerait probablement tous les symptômes que nous voyons s'accuser dans la politique anglaise.

À cet égard, avec notre point de vue européen, nous apparaissons aux Anglais comme des gêneurs. Nous pouvons devenir des avertisseurs et des collaborateurs. Il sera possible de démontrer, même à un gouvernement travailliste, que l'Angleterre a besoin de nous. Elle en a besoin pour maintenir la tranquillité et l'ordre jusque dans ses possessions lointaines. Elle se trompe si elle considère les problèmes de l'Europe comme résolus et négligeables. La sécurité de l'Occident répond de celle de l'Orient. Si la police du continent n'est pas sérieuse, l'Égypte et l'Inde seront en danger. Si nous ne surveillons pas le Rhin et le Danube, les Détroits et le canal de Suez appelleront un nouvel effort. L'Angleterre a éprouvé maintes fois que ce n'est pas sur la mer mais sur la terre que, même pour une puissance maritime, se gagnent les grandes parties. Or, en Occident, nous sommes seuls à monter la garde. Encore faut-il qu'on nous en laisse les moyens.

Cette démonstration n'est pas impossible. Elle a des chances de réussir chaque fois qu'elle sera bien faite. Autrement l'alliance franco-anglaise passera à l'état de souvenir et les batailles d'Artois et des Flandres iront rejoindre au musée la bataille de l'Alma.

L'Action française, *19 février 1920*.

Chapitre 17

Les adieux de M. Paul Cambon

L'Action française, *25 décembre 1920*.

AVANT de quitter ce poste de Londres qu'il a occupé, ce n'est pas trop de dire glorieusement, pendant vingt-deux années, M. Paul Cambon a eu avec un rédacteur du Times une longue conversation pleine de rappels du passé et de conseils discrets pour l'avenir. L'ambassadeur qui, avec M. Delcassé, a réalisé l'Entente cordiale, connaît la théorie et la pratique de nos rapports avec l'Angleterre. Depuis Fachoda jusqu'à l'alliance de 1914 et aux difficultés de la paix, il a présidé à toutes les situations. Si l'âge le contraint à prendre du repos, il tient au moins à léguer à ses successeurs le fruit de son expérience.

M. Paul Cambon a fait au Times un récit sobrement dramatique des trois « sombres journées » qui suivirent la déclaration de guerre. Rien n'obligeait l'Angleterre à intervenir. La lettre célèbre par laquelle M. Poincaré montrait au roi George qu'un mot parti de Londres pouvait encore retenir l'Allemagne n'avait pas laissé le fils d'Édouard VII insensible. Prisonnier de la consigne constitutionnelle, George V n'avait rien pu. Le 1er, le 2, le 3 août se passèrent et l'ambassadeur de France ne cache pas les inquiétudes qui l'assiégeaient. Il savait que, dans le cabinet britannique, trois ou quatre ministres seulement étaient pour l'intervention. Il savait la majorité radicale hostile. Il savait quels efforts et quelles influences s'exerçaient en faveur de la neutralité et que seuls les conservateurs, c'est-à-dire l'opposition, avaient un sens politique et européen assez fort pour comprendre la portée des événements. Il fallut plus que l'ultimatum de Bethmann-Hollweg à la Belgique, il fallut le fait matériel de l'invasion de la Belgique pour entraîner l'adhésion du gouvernement britannique, et encore pas tout entier...

Ces souvenirs historiques ne doivent pas être oubliés car ils rendent compte de beaucoup de choses d'aujourd'hui. Ils expliquent la différence durable des points de vue, entre la France et l'Angleterre, sur les questions européennes et la répugnance de l'Anglais à souscrire à des engagements continentaux. Nous ne pouvons plus ignorer à quel degré nous avons couru le risque d'être seuls, à l'Ouest, vis-à-vis de l'Allemagne, et quel concours de circonstances extraordinaires il a fallu pour attacher l'Angleterre à la neutralité.

L'Entente cordiale avait préparé ce véritable miracle. Elle n'y avait pas suffi. Pour former cette simple entente, que de doigté n'avait-il pas fallu de notre part, sans compter la royale clairvoyance et le prestige d'Édouard VII dans son propre pays ! M. Paul Cambon dit que les jours qui avaient suivi Fachoda furent plus pénibles que ceux qui l'avaient précédé. La liquidation de la rivalité coloniale fut longue en effet. Il fallut procéder par étapes, et il fallut cinq ans avant d'arriver à un règlement général et M. Paul Cambon rappelle que lord Salisbury se dérobait en prétextant l'instabilité de nos ministères. Encore ne s'agissait-il que de l'Afrique où il y avait de la place, où le partage était aisé. Il s'agit aujourd'hui d'un morceau encore plus gros que l'Égypte. Il s'agit de l'Asie Mineure, et même, en vérité, de Constantinople. Combien de temps, de circonstances et de diplomatie faudra-t-il pour un autre accord de 1904 ?

La tâche que M. Paul Cambon lègue à ses successeurs n'est pas simple. Mais au moment où ce serviteur du pays se retire, il ne suffit pas de lui décerner des éloges. Il convient en outre de rappeler que cet ambassadeur de la plus haute lignée n'a cessé, pendant les travaux de la paix, de prodiguer les avis les plus justes. Ceux qui ont eu parfois l'occasion de lire ses dépêches (dont le recueil, nous le souhaitons, devra être publié un jour) admiraient également et que des conseils aussi utiles fussent donnés et qu'ils le fussent aussi vainement. M. Paul Cambon a tout vu. Il a dit avec courage et avec franchise les fautes à éviter. On ne l'écoutait pas. Il arriva même qu'il fut indignement rabroué. Son expérience, son prestige, tout a été perdu. Ce n'est pas la plus belle page de M. Tardieu et de M. Clemenceau.

En dédiant à M. Paul Cambon l'hommage que lui doivent tous les Français pour les hauts services qu'il a rendus et pour les traditions politiques qu'il a maintenues, il convient de conclure que ce ne sont pas les hommes qui manquent à la France. C'est l'art de tirer pleinement parti de leur valeur.

L'Action française, *25 décembre 1920.*

Chapitre 18

Le choix du successeur

L'Action française, *22 Mai 1923*.

DEPUIS plus de deux siècles nous avons eu à nous louer, dans nos rapports avec l'Angleterre, des conservateurs plus que des libéraux. En règle générale, nos plus âpres conflits ont eu lieu sous des ministères whigs, les réconciliations sous des ministères tories. Pourquoi ? Parce que les passions religieuses et idéologiques l'emportent chez les premiers, les considérations politiques chez les seconds. Un radical, un travailliste anglais d'aujourd'hui ont gardé, sous d'autres formes et d'autres noms, l'horreur du papisme et cette horreur dicte leurs idées, leurs préférences et leurs choix, elle les pousse à se mêler des affaires européennes à tort et à travers, même contre l'intérêt de leur pays, ou quand l'intérêt de leur pays n'est pas en jeu.

Les réalistes, ce sont les conservateurs. Ils représentent l'école du bon sens. Au moins, ils n'ont qu'un parti pris clair et connu, qui est d'assurer la grandeur de l'Empire britannique. Lorsque les tories, il y a deux siècles, mirent fin à la guerre de succession d'Espagne, c'est parce qu'ils jugèrent que cette guerre avait rapporté à l'Angleterre tout ce que l'Angleterre pouvait espérer et qu'il fallait en consolider les résultats. Ils ne tenaient pas à exercer une vengeance sur Louis XIV ni à se battre sans fin et à dépenser des millions pour les beaux yeux de l'empereur. Stanhope laissa à la France ses frontières. Il laissa un Bourbon sur le trône d'Espagne. Mais sur mer, aux colonies, sa rafle fut immense. De Dunkerque à la baie d'Hudson, de Gibraltar à l'Amérique du Sud, il promena un vaste filet.

On peut déduire de là, ainsi que d'autres exemples qui

se succèdent jusqu'à l'arrangement de 1904, qu'il est possible de nous entendre avec les conservateurs anglais pour les affaires continentales, de compter même sur la « neutralité bienveillante » à laquelle M. Bonar Law a attaché son nom dans les cas où ils ne nous approuvent pas. A une condition : c'est que nous leur abandonnions l'empire de la mer, que nous n'éveillions aucune de leurs susceptibilités traditionnelles (en Belgique particulièrement), que nous ne les gênions, que nous ne nous trouvions sur leur chemin nulle part : à Fachoda il y a vingt-cinq ans, en Orient aujourd'hui.

Ces éléments se sont rencontrés à des degrés divers dans la politique de M. Bonar Law, conservateur d'un type très pur, bien qu'il fût un homme nouveau. Il a calmé maintes fois des collègues impulsifs et l'on a déjà pu observer, au Foreign Office, durant l'absence qui a précédé sa démission, un changement de ton peu avantageux. C'est dire combien comptera le choix de son successeur. Un conservateur fidèle à la méthode que nous avons dite, capable d'être influencé par l'esprit de système des radicaux et des travaillistes peut changer très vite en veto la neutralité bienveillante. C'est tout ce qu'attend l'Allemagne et ce n'est pas encore ce qui hâtera sa soumission. Mais le gâchis peut en être horriblement aggravé.

L'Action française, *22 Mai 1923*.

Chapitre 19

L'empire britannique

L'Action française, *25 mai 1923*.

On a cité partout le mot célèbre que M. Stanley Baldwin a repris pour son compte et qui est si conforme au sens religieux des Anglo-Saxons : « Plus que de félicitations, j'ai besoin de prières. » On raconte encore à Londres que le roi ayant dit au premier ministre, après son acceptation : « Je suis très heureux de tout cela, » M. Baldwin aurait répondu : « Je ne me sens pas heureux du tout, Sire. » La tâche de gouverner l'Angleterre et, avec elle, l'Empire britannique est si vaste qu'un homme de bon sens peut en être effrayé.

On la mesure mieux quand on lit un ouvrage qui vient de paraître et qui est le plus important que l'on ait publié chez nous sur les Anglais et leur politique, depuis les livres célèbres de Boutmy. Le livre de M. Albert Demangeon, *l'Empire britannique,* s'intitule modestement « étude de géographie coloniale ». C'est beaucoup plus et beaucoup mieux.

Considérez, avec M. Demangeon, qu'en trois siècles, l'Empire britannique a atteint des dimensions qui dépassent toutes celles des plus grands empires connus dans l'histoire : celui des tsars n'en était que la moitié. Britannia domine près du quart de la superficie des continents, trois fois l'Europe, deux fois l'Amérique du Sud. Sur la terre ferme, la métropole ne représente que la centième partie des colonies et des dominions.

Cette disproportion extraordinaire s'accroît encore si l'on considère que le Royaume-Uni est extrêmement éloigné du centre de gravité de ses possessions, centre de gravité qui se trouve dans l'Océan Indien. D'où la nécessité, pour l'Angleterre, des relais, des escales, des bases navales, des dépôts de charbon, des stations de câbles qui sont comme les piliers de cette énorme construction. « Pour bien concevoir la structure de l'Empire britannique, écrit M. Demangeon, il faut écarter la comparaison des empires terrestres. Sur terre, la dispersion géographique est pour un État une faiblesse, un danger de dissociation ; un empire continental vit malaisément en morceaux séparés. Au contraire, l'Empire britannique, issu d'une île et fondé sur le commerce, puise sa force dans la mer, le chemin universel qui relie entre elles ses dépendances. La mer forme le lien commun, la matière essentielle de tout ce qui est britannique ; sans elle, l'empire se briserait en fragments de terre, en poussière d'îles... *L'idée de n'être plus libre sur les mers irrite le citoyen britannique ; l'idée de n'y être plus le maître l'inquiète.* »

Il y a là sujet à réflexions pour nous comme pour les Anglais. Sans être aussi vaste que le leur, notre empire colonial est considérable. Comment, sans force navale, le gardons-nous ? Osons le dire : par pure tolérance et parce que les maîtres de la mer veulent bien nous le laisser. Jusqu'à quand ? C'est une autre affaire. Mais il y a des précédents historiques qu'il est difficile d'oublier. Il y a deux cents ans, après une grande guerre continentale, un règlement européen étant intervenu, une autre lutte ne tarda pas à s'ouvrir, la lutte pour la domination des mers et l'Angleterre n'en est sortie victorieuse qu'une centaine d'années après. Tout bien est toujours à défendre, pour elle comme pour nous, et ce n'est évidemment pas contre nous, qui n'avons ni les moyens ni l'envie de l'attaquer, que l'Angleterre aura à défendre le sien. Mais contre qui ? L'Allemagne peut-être. Les États-Unis peut-être aussi. Aucun accord de Washington ne mettra l'Empire britannique plus que le nôtre à l'abri des compétitions. Et, au fond de lui-même, quel Anglais ne pense à cela ?

L'Action française, *25 mai 1923*.

Chapitre 20

La Revue de Spithead

L'Action française, *27 juillet 1924.*

HIER, M. Mac Donald avait invité M. Herriot à la revue navale de Spithead. Nous nous abstiendrons de réflexions usées sur la présence de ce travailliste et de ce démocrate à une manifestation militaire. Ce n'est pas cette présence qui provoque l'ironie et le dégoût. Ce n'est pas le retour éternel de ces conversions aux nécessités vitales des États. C'est la certitude que ces conversions seront bafouées, que le « culte de la force » sera dénoncé par d'autres démagogues qui découvriront plus tard, à leur tour, les « réalités du monde sensible ».

Nous ne savons pas assez ce que représente pour les Anglais « la flotte à Spithead ». Les articles de leurs journaux donnent une idée du caractère historique et même sacré de journées comme celle-là. Une fête de l'armée prussienne à Postdam a moins d'importance et plus d'incroyants. Hier, rappelant les fastes de la vieille *British Navy,* le Times écrivait : « Le fils du roi Édouard est roi et M. Ramsay Mac Donald premier ministre. Mais l'esprit de la marine royale et sa raison d'être restent les mêmes parce que, de sa force et de sa stabilité, dépend toute l'existence de l'Empire. »

Si l'on veut voir les choses comme elles doivent être vues, la démonstration de puissance qui a été donnée hier a un double signe. Aucun pays d'Europe n'est capable d'aligner un nombre de navires de guerre comparable, même de très loin, à celui qui a défilé à Spithead. La marine française, qui se meurt, arrive tout juste au cinquième de celle de la Grande-Bretagne. On peut donc dire que l'Angleterre possède un instrument de domination navale dont la supériorité n'a jamais été élevée si haut. Mais, et c'est le second aspect, cette grande force maritime est aussi une des dernières forces de la civilisation. Si les routes maritimes sont encore sûres, plus sûres que bien des routes terrestres et des voies ferrées, si l'on ne rencontre pas sur les mers de pirates barbaresques, chinois ou bolcheviks, c'est à la Royal Navy qu'on le doit : Sans elle, des paquebots français, sur la route de l'Indochine ou de Madagascar, seraient vite exposés à des surprises. On dit, en Angleterre, que le navire de commerce est une dame qui a besoin d'être accompagnée. La flotte anglaise protège de loin toute navigation. Sans elle, la police des océans n'existerait plus.

Peut-on lui demander davantage ? L'autre jour, en repoussant le pacte d'assistance mutuelle, M. Mac Donald a dit non. Ce non vient d'être répété à la Chambre des lords. Nous sommes avertis de ne pas avoir à compter sur la marine anglaise pour défendre, en cas de besoin, nos possessions d'outre-mer, à moins que l'Angleterre n'y consente dans son propre intérêt. En somme, à Spithead, M. Mac Donald a montré à M. Herriot le bon tabac qu'il avait dans sa tabatière.

On sait que sa principale raison pour rejeter le système de garantie universelle proposé par la Ligue de Genève ; c'est que l'Angleterre devrait augmenter ses escadres. En effet, dans toute association, chacun donne ce qu'il a, ou, plus exactement, on demande à chacun de donner ce qu'il a. Aux Anglais, ce sont des navires de guerre. A d'autres, ce seraient des régiments.

Un journal du matin annonçait, hier, que la commission d'études du Conseil supérieur de la défense nationale, présidée par M. Paul-Boncour, s'était ralliée, à l'unanimité, au pacte de garantie. Le refus de l'Angleterre rend cette adhésion fort platonique.

On comprend très bien que des militaires comme ceux qui siègent au Conseil supérieur approuvent la participation de la France au pacte d'assurance mutuelle. Il n'y a pas de meilleur moyen de développer l'armée française et de justifier un « militarisme » français. Moyen beaucoup trop bon, à notre goût. Il est certain, en effet (l'exemple de la Pologne en 1920 est là pour le prouver), que c'est à la France qu'on demandera de tous côtés aide et secours, non seulement parce que la France a le scrupule de tenir ses engagements, mais parce qu'elle est, à l'heure présente, à peu près seule à posséder une armée parmi les pays qui pourraient signer le pacte. Et, pour les militaires français, il y aurait des occupations nombreuses, une campagne à peu près tous les six mois. Rien n'est donc plus naturel que le goût des soldats de métier pour l' « assistance mutuelle » qui serait l'assistance, par une expédition française, des Polonais un jour, des Tchèques ou Yougoslaves un autre jour. Mais c'est ce rôle-là, fort coûteux, dont M. Mac Donald n'a pas voulu pour la flotte anglaise (qu'il aurait fallu accroître) et dont nous ne voulons pas davantage pour les régiments français.

L'Action française, *27 juillet 1924*.

Chapitre 21

La France jetée par l'Angleterre dans les bras de l'Allemagne

L'Action française, *8 mai 1925*.

SANS doute, mais il n'en sera pas toujours ainsi, les Allemands ménagent l'Angleterre. Ils savent ce que le relèvement de leur pays lui doit. Ils savent aussi combien le gouvernement britannique désire le succès du pacte de garantie, qui n'est pas moins vivement désiré par M. Coolidge, quoique, bien entendu, les États-Unis, qui ne s'engagent jamais à rien, ne doivent signer ni ce pacte ni aucun autre. Comme si le discours de M. Houghton n'avait déjà été très clair, la presse anglaise le développe. Le pacte avec l'Allemagne nous est recommandé de nouveau et dans les termes les plus pressants. L'élection de Hindenburg (nous le prévoyions) est un argument de plus. On nous dit ingénument qu'un pacte signé par le représentant du militarisme prussien aura bien plus de valeur que s'il était signé par des socialistes...

Ce que l'on admire, c'est la persévérance avec laquelle la politique anglaise, après avoir relevé le Reich, pousse la France - et la Belgique - vers les Allemands. Après tant de sacrifices, y compris celui d'un million et demi de Français, pour gagner la guerre, la politique anglaise détruit méthodiquement les résultats de la victoire. Nous pouvons prédire que l'Angleterre le regrettera. Les partisans de l'Entente cordiale, dont nous sommes, l'auront déploré avant elle. Ce n'est pas la première fois qu'on voit un grand pays se tromper et travailler contre lui-même. L'Angleterre donne ce spectacle. Elle construit de ses propres mains un bloc continental gros de catastrophes pour elle comme pour nous. Le pire est qu'elle ne s'en doute pas et que les plus intelligents des Anglais refusent de le croire. Puissent-ils du moins être instruits par les remords de Gladstone, à la fin de son existence, quand il se souvenait de ses faux calculs de 1870.

L'Action française, *8 mai 1925*.

Chapitre 22

L'Angleterre et le retour de M. Caillaux

L'Action française, 27 avril 1925.

LE retour aux affaires de M. Caillaux cause, en Angleterre, un embarras qui serait comique s'il ne s'agissait de choses aussi graves.

Nul n'ignore, en effet, que les poursuites avaient été engagées contre M. Caillaux, pendant la guerre, au temps de la plus grande intimité franco-anglaise et sous le ministère Clemenceau. Nul n'ignore qu'à ce moment-là le gouvernement britannique, ainsi que la presse et l'opinion d'outre-Manche, accueillirent ces poursuites avec satisfaction. On dit même que le cabinet de Londres avait conseillé au gouvernement français de mettre le député de Mamers hors d'état de nuire.

C'est que M. Caillaux était considéré par l'Angleterre comme un adversaire personnel. Et, mon Dieu ! Elle n'avait pas tort. Mais M. Caillaux était conséquent avec lui-même. Il savait, au moins, lier ensemble deux idées. Partisan d'un rapprochement et d'une collaboration avec l'Allemagne, il était conduit à s'opposer à l'Entente cordiale et, de fil en aiguille, à la politique anglaise. D'où le mot qui lui fut prêté pendant son procès : « Si nous avions eu la guerre avec les Anglais, quelle Haute Cour pour Clemenceau ! »

Ces souvenirs ne sont pas tout à fait effacés en Angleterre. Aussi, le retour de M. Caillaux est-il accueilli avec réserve malgré les précautions qu'a prises ces temps-ci l'ancien condamné et malgré certaine correspondance du Times, qui répondait de ses sentiments. Néanmoins, il est rare que nous ayons rencontré ces temps-ci des Anglais sans qu'ils nous aient demandé, avec une nuance d'inquiétude : « Est-ce que vraiment vous croyez au retour de M. Caillaux ? »

Nous avons toujours répondu, parce que c'est la réponse vraie et naturelle : « La politique de rapprochement et de réconciliation avec l'Allemagne appelle, nécessite le retour de M. Caillaux. Elle le réhabilite même. On dira en France que M. Caillaux avait bien raison de dénoncer la guerre comme une folie commise dans l'intérêt de l'Angleterre. Mais qui a voulu la réconciliation de la France avec l'Allemagne, c'est-à-dire, tôt ou tard, une collaboration franco-allemande ? Qui a voulu le relèvement de l'Allemagne et la reconstruction de l'Europe, c'est-à-dire le retour à la situation de 1914 ? C'est l'Angleterre qui, depuis cinq ans, a voulu avec persévérance réaliser les idées de M. Caillaux. Nous ne voyons donc pas de quoi elle pourrait se plaindre s'il revient aux honneurs et au pouvoir. »

On n'avait pas manqué, en France, et surtout dans la presse française, d'avertir l'Angleterre qu'il n'était pas bon de trop pousser les Français vers l'Allemagne. Mais un Anglais de bonne maison n'écoute pas et ne lit rien, et n'accorde pas plus d'attention à des raisons données en langue française qu'au Râmâyana ou aux lois de Manou.

L'Action française, *27 avril 1925*.

Chapitre 23

Les véritables soucis de M. Chamberlain

L'Action française, *26 juin 1925*.

M. Austen Chamberlain a prononcé un discours qui était destiné à contenter tout le monde. À l'Angleterre il a dit que le pacte ne l'engagerait pas malgré elle dans les conflits européens et n'était qu'un dérivé du pacte de la Société des Nations. A la France, il a dit que ce pacte lui apportait tout de même quelque chose de plus que l'autre, à savoir l'intérêt que porte l'Angleterre à la sécurité du Rhin. L'Allemagne, enfin, est assurée que ce pacte n'est pas dirigé contre elle, qu'il n'implique aucune méfiance à son égard et qu'elle peut le signer sans crainte ni déshonneur, comme une égale qui traite avec des égaux.

A peine secrète, la pensée de M. Chamberlain est que les risques d'un conflit sont, à l'Occident, extrêmement faibles, à peine dignes de compter. Le pacte serait théorique, idéal. Il n'est pas question d'accord militaire franco-anglais. Cet accord est, du reste, exclu par la nature du pacte « bilatéral » qui voudrait, en ce cas, une convention parallèle avec l'Allemagne, une convention qui supposerait la possibilité d'une aide militaire apportée au Reich par l'Angleterre contre la France reconnue coupable d'agression.

Peut-on contenter tout le monde et son père ? M. Chamberlain l'a essayé. Nous verrons s'il réussira. Et nous savons bien qu'un ministre des Affaires étrangères de Grande-Bretagne voit au-delà de l'Europe, qu'il surveille en ce moment, non sans anxiété, les événements d'Asie et d'Afrique, qu'il a des soucis différents des nôtres. L'idée de réconcilier l'Allemagne, de l'introduire dans une alliance conservatrice, l'alliance de l'Europe contre la barbarie, le tente et doit le tenter.

Il apparaît, en ce moment, des signes graves pour un Anglais. Le nombre des chômeurs s'accroît. La balance commerciale du Royaume-Uni est en déficit. Que cette situation se prolonge, et l'Angleterre devra vivre sur sa substance, entamer son capital. Qu'elle s'aggrave, et quel trouble, quel désordre ne se produiront pas !

Quand on voit ce qui se passe en Chine, on ne peut, sans trembler, prévoir ce qu'il adviendrait de notre civilisation industrielle de l'Occident si les vastes marchés asiatiques allaient se fermer. Un pays comme l'Angleterre vit dans une certaine organisation du monde. Si cette organisation disparaissait, l'Angleterre ne serait plus qu'une île surpeuplée et affamée. Un Carlyle, qui avait assisté au développement effréné de l'industrie, avait eu des visions d'avenir de ce genre. En ce moment, un ministre, à Downing Street, peut avoir aussi de sombres rêves.

Mais l'Allemagne elle-même a une industrie pléthorique. Elle ne mange qu'à la condition d'exporter par quantités immenses ses produits fabriqués. C'est ce qui peut la rapprocher de l'Angleterre, dans un sentiment commun de prééminence européenne. C'est ce qui peut aussi sûrement la mettre en concurrence avec elle dans une âpre lutte pour le pain. Malheur aux pays qui ne se nourrissent pas eux-mêmes ! Nous nous prosternerons bientôt aux pieds de nos derniers paysans.

L'Action française, *26 juin 1925*.

Chapitre 24

Sous l'œil des banquiers anglo-saxons

L'Action française, *27 novembre 1925.*

Si puissants que soient les banquiers qui ont assumé le gouvernement du monde, ils ne peuvent se flatter de gagner à tous les coups. La politique est faite d'actions et de réactions qui s'engendrent les unes les autres. Le pacte de Locarno, préparé par le plan Dawes, a été un succès pour la finance anglo-saxonne dans son œuvre de « restauration de l'Europe ». Mais, pour avoir Locarno, c'est-à-dire l'abandon de la Ruhr et du Rhin, il a fallu d'abord avoir le Cartel des gauches qui amène le socialisme destructeur de l'ordre et des finances. Alors la préoccupation des puissants banquiers change d'objet.

La sévérité avec laquelle la presse anglaise s'exprime sur nos affaires est un symptôme. On a le droit de penser que M. Baldwin et M. Chamberlain, revenus au pouvoir après avoir battu M. Mac Donald et le travaillisme, ont vu sans plaisir que les socialistes, français étaient sur le point de gouverner. Il est certain que l'expérience serait encore désastreuse pour ce parti de démocratie logique et consciente et qu'elle constituerait une leçon pour les autres pays. Mais le désastre atteindrait d'abord la France, puis l'équilibre économique de l'Europe et l'Angleterre par répercussion. Les journaux anglais s'alarment déjà de la chute du franc qui aura pour effet de fermer entièrement notre pays aux exportations britanniques et d'accroître le chômage en Grande-Bretagne. Tous les arguments qui ont prévalu pour le relèvement de l'Allemagne nous seront bientôt appliqués. Mais l'Allemagne n'a pu se relever qu'à partir du jour où elle a éliminé la social-démocratie organisatrice du gaspillage et de la ruine par l'inflation. Alors ? La conclusion se tire toute seule. Si le ministère Herriot-Blum a été tué dans l'œuf, c'est peut-être à Downing-Street.

Il est très significatif que des journaux aussi différents que le *Manchester Guardian* et le Times insistent sur le caractère politique de la crise française. Ce langage est nouveau en Angleterre où, jusqu'à présent, on affectait de ne pas s'occuper de nos affaires intérieures. Dès maintenant, le Cartel des gauches et ses socialistes peuvent être assurés de l'hostilité de la finance anglo-saxonne dont ils étaient les favoris en 1924 lorsqu'il s'agissait d'abattre la politique de la Ruhr. Ils auront affaire à la grande puissance capitaliste qui a déjà montré sa force et son pouvoir.

Dans la situation présente, c'est un élément avec lequel il faut compter. Il est heureux que M. Mac Donald ne soit plus premier ministre et que les conservateurs anglais soient les maîtres avec une majorité presque sans exemple. Le moment est venu de se rappeler le mot de Thiers pendant la Commune : « La révolution sera vaincue. D'ailleurs, elle le sera toujours en Europe, à moins qu'il n'y ait un cabinet socialiste à Londres. »

L'Action française, *27 novembre 1925*.

Chapitre 25
À l'instar des Anglais

L'Action française, *30 novembre 1925*.

ON parle beaucoup, depuis quelques jours, d'instituer en France un comité semblable à ceux qui ont existé à Londres, à la fin de la guerre et après la guerre, et qui ont établi des programmes de restauration grâce auxquels la monnaie et les finances anglaises sont rapidement devenues saines et prospères. Voilà ce qu'on voudrait imiter ici. Mais comme toujours lorsqu'il s'agit de copier les Anglais, on peut répondre : « Si vous voulez que tout soit comme en Angleterre, voulez-vous aussi être entourés d'eau ? »

On réplique sans doute que les Anglais ont comme nous des élections et un Parlement. Cependant ils ne restent pas sourds aux avis de techniciens, qui sont consultés et obéis, même s'ils n'ont pas reçu l'onction élective. Il n'en est pas de même chez nous. Le jour ne paraît pas encore venu où la Chambre votera sans amendements un plan élaboré par une commission semblable à ce Comité Cunliffe, dont le président, qui lui a donné son nom, était lord et gouverneur de la Banque d'Angleterre.

Les Anglais, qui ont des traditions et des notions financières, qui vivent de commerce et d'industrie, comprennent plus facilement que d'autres l'utilité des conseils techniques. Mais ce n'est pas tout. Une campagne comme celle qui a été menée chez eux avec succès contre le gaspillage et pour les économies ne se heurte pas aux mêmes obstacles et aux mêmes résistances que chez nous. L'Angleterre n'est pas étatisée comme nous le sommes. Elle n'a pas un corps de fonctionnaires surabondant qui est une force électorale et politique. Elle n'a pas ces monopoles d'État, ces services d'État, ces chemins de fer propriétés de l'État ou concessionnaires de l'État, dont le personnel forme une vaste armée rebelle aux coupes sombres et aux simples réductions. Sans doute, il y a déjà des nuages sur ce tableau de l'Angleterre. C'en est un que les concessions de M. Baldwin aux mineurs. Dans l'ensemble, le Parlement britannique est infiniment plus libre de ses mouvements que le nôtre. Il n'est pas asservi comme le nôtre aux seules masses électorales qui soient organisées.

C'est très bien de vouloir se régler sur les Anglais et, au lieu de tousser et de cracher comme eux, de s'efforcer à la ressemblance de leurs beaux côtés. Seulement, il faut pouvoir le faire. Il faut être en situation de le pouvoir, et les conditions d'une imitation complète et heureuse ne sont pas remplies en France.

L'Action française, *30 novembre 1925*.

Chapitre 26

Le désarmement. Quantité et qualité

L'Action française, *7 décembre 1925*

LE Conseil de la Société des Nations est saisi à partir d'aujourd'hui de la « limitation des armements ». C'est une des conséquences de Locarno. Et, bien entendu, il s'agit du désarmement terrestre. Le désarmement naval est réglé pour nous par le fait que notre marine n'existe plus. Quant à l'Angleterre, elle s'en tient à l'accord de Washington et ne pense plus qu'aux sous-marins. D'ailleurs, il n'est nullement désirable que la puissance de la flotte britannique décroisse. C'est une des dernières forces d'ordre qui subsistent dans le monde. Nous l'avons déjà dit et nous le redisons ; sans Royal Navy, les pirates écumeraient les mers, les colonies périraient et le « crépuscule des nations blanches » ne tarderait pas à devenir une sombre nuit.

Le désarmement terrestre est une autre affaire. Tout le monde sait qu'il s'appliquera à la France, et ce qu'on a le plus de mal à comprendre, c'est que les Anglais regardent comme un bien de nous voir désarmés. Pourtant, de 1914 à 1918, ils n'ont pas regretté d'avoir un soldat sur le continent. Ils se sont largement servis de ce soldat. Lorsqu'il donnait des signes de défaillance, comme en 1917, l'Angleterre s'en alarmait. Ce qu'elle doit craindre pour l'avenir, - et cela aussi nous tenons à le répéter, - c'est notre pacifisme beaucoup plus que notre militarisme. Le jour où la démocratie française dirait : « Peu nous importe que les Allemands soient à Anvers », qui serait le plus puni ?

Mais, si l'on croit à l'esprit de Locarno, si l'on estime que le pacte apporte avec lui la sécurité, il n'y a plus de raison pour que la France garde le harnois. On incite la démocratie française à s'affranchir d'une servitude personnelle et d'une charge financière. Le désir de cette délivrance deviendra vite irrésistible. Il y aura des partis pour l'exploiter. Peut-être un jour, au lieu de pousser la France au désarmement, faudra-t-il la retenir pour qu'elle n'aille pas jusqu'aux solutions extrêmes du Danemark.

En attendant, Locarno est le mot magique qui emporte tout. On se comporte comme si le pacte avait supprimé les risques de conflit. À quoi il sera répondu sans doute que l'imagination créatrice engendre les faits.

Seulement, il y a un fait contre lequel l'imagination ne peut aller. L'Allemagne, grâce au traité de Versailles, possède une armée de métier qui est une armée excellente. De par la volonté des Alliés, elle dispose d'un instrument militaire de premier ordre auquel la France n'aurait un jour, à opposer qu'une cohue de soldats à peine instruits. On parle toujours, quand il s'agit de limiter les armements, de la quantité. Mais l'Allemagne a la qualité. On n'a pas l'air d'y penser ni d'en tenir compte, bien que ce soit l'essentiel.

L'Action française, *7 décembre 1925*

Chapitre 27

Le pari de l'Angleterre

L'Action française, *21 décembre 1925.*

LE colonel Harvey, ancien ambassadeur des États-Unis à Londres, a publié récemment des considérations extraordinairement pessimistes sur l'avenir de l'Angleterre. Selon lui, la Grande-Bretagne serait à jamais dans l'impossibilité de retrouver sa prospérité d'avant-guerre. Écrasée par sa dette intérieure et par sa dette extérieure, ses prix de revient seraient trop élevés pour qu'elle pût retrouver ses marchés d'autrefois dans un monde appauvri et transformé. L'Angleterre serait sacrifiée comme pays producteur et devrait se contenter du rôle d'intermédiaire et de courtier des mers.

L'opinion du colonel Harvey a été contredite avec vigueur en Angleterre et en Amérique même. Il faut convenir que les arguments pour et contre sont d'une force égale.

Après 1815, la dette de l'Angleterre atteignait presque un milliard de livres sterling. Elle dépassait vingt milliards de nos francs d'alors. Ce chiffre paraissait démesuré et l'on douta longtemps que l'Angleterre pût supporter une charge pareille. Il y eut une grande hilarité lorsque, chez nous, l'utopiste Charles Fourier émit l'idée célèbre qui consistait à éteindre toute la dette anglaise en six mois par les œufs de poule.

On a beaucoup ri du système de Fourier. Il n'était pas beaucoup plus drôle que beaucoup d'autres plans que nous voyons prôner tous les jours en France. Au fond, le système de Fourier était un symbole. Il reposait sur l'idée de la progression indéfinie et c'est, effectivement, grâce au développement incessant du commerce et de l'industrie pendant le dix-neuvième siècle que le passif de 1815 a fini par être si léger à l'Angleterre qu'elle a pu, de 1914 à 1918, le multiplier par huit.

Les Anglais de 1815 ne pouvaient assurément compter ni sur les chemins de fer, ni sur les richesses immenses que, directement et indirectement, devait leur apporter la houille. L'acceptation de leur dette intégrale en bonne monnaie, en *sterling* (ce qui veut dire de bon aloi) et non en monnaie frelatée, était un acte de foi. C'est un acte de foi tout semblable que fait l'Angleterre d'aujourd'hui. La question est de savoir si la bonne fortune qui lui est échue au dix-neuvième siècle se renouvellera au vingtième et si le progrès des richesses dans le monde suivra la même progression. En somme, l'économie de l'Angleterre repose sur la croyance au « de plus en plus ». Tout ce qu'on peut dire, c'est que c'est chanceux. Rien n'assure qu'elle ne gagnera pas encore son pari. Rien ne garantit qu'elle ne le perdra pas.

L'Action française, *21 décembre 1925*.

Chapitre 28

Le gribouille anglais

L'Action française, *6 mai 1926.*

L'ABSURDITÉ de cette démagogie ignorante et grossière qui s'appelle le socialisme n'aura jamais mieux paru que par la grève générale anglaise. Qu'est-ce que les ouvriers anglais sont en train de commettre en ce moment-ci ? Un acte de suicide, tout simplement. Et l'on comprend que M. Baldwin, en apprenant que tout était consommé, que la guerre sociale s'ouvrait, n'ait pu se défendre contre les larmes. Car c'est l'existence de l'Angleterre qui est en jeu, l'existence dans ce qu'elle a de plus matériel : la nourriture, le pain quotidien.

L'ouvrier anglais n'a pas encore compris qu'il est devenu, dans l'univers, un objet de luxe. Douze cent mille chômeurs en permanence ne lui ont pas ouvert les yeux.

Il gagne beaucoup, dans une bonne monnaie, en travaillant peu. Il a un *standard of life, un* niveau de vie, élevé. C'est une sorte d'aristocrate de la production. Aussi produit-il trop cher. Et comme il produit trop cher, le monde se détourne peu à peu des marchandises anglaises. Le ralentissement progressif des exportations britanniques inquiète depuis quelque temps déjà les hommes qui dirigent les destinées de cette nation devenue, elle aussi, trop nombreuse sur un sol trop étroit.

Si nombreuse qu'elle ne peut plus se donner à elle-même sa nourriture. Il faut toujours avoir cette comparaison présente à l'esprit : la France, qui, par bonheur, pour elle, a encore une agriculture, peut à la rigueur se nourrir elle-même : cinq jours sur sept, le peuple anglais n'aurait rien à manger, s'il ne recevait son alimentation du dehors.

Pour la recevoir, il faut qu'il la paie. Pour la payer, il faut qu'il ait vendu à l'étranger de grandes quantités de marchandises. Si ces marchandises sont trop chères, ce sont les concurrents qui emportent les commandes. Et les marchandises anglaises, dont le prix est gouverné par le prix du charbon anglais, sont trop chères parce que l'ouvrier anglais, à commencer par le mineur, est trop bien payé dans une trop bonne monnaie.

C'est une nouvelle « loi d'airain du salaire » qui joue dans la vie internationale. Il y aurait des gouvernements socialistes partout, en Angleterre, en Allemagne, en France et ailleurs, que le problème serait identique. Anglais, Français ou Allemand, l'ouvrier doit manger. Plus qu'un autre, cinq jours sur sept, l'ouvrier anglais doit acheter sa nourriture au dehors. Il est donc désavantagé par rapport à ses rivaux.

C'est ce qu'il ne comprend pas. C'est ce que ses meneurs ne comprennent pas mieux ou ne veulent pas comprendre. Ils luttent, disent-ils, pour les « conquêtes sociales », pour le maintien des hauts salaires et la journée de huit heures. On a parlé jadis de la « liberté de mourir de faim ». Si la grève générale d'outre-Manche était victorieuse, on verrait la beauté de la « conquête sociale » qui consiste à affamer un pays hyper-industriel et sans agriculture. Un tel pays ne peut vivre que par un commerce intense. Et le commerce intense n'est possible qu'avec une production à bon marché.

Aussi est-il curieux de voir l'attitude que prendra la classe ouvrière des autres pays. Elle a le choix : profiter de l'absence des Anglais pour leur enlever encore de nouveaux clients et de nouveaux débouchés. Ou bien, au contraire, aider leur grève. Dans les deux cas, l'Angleterre sera la victime.

Il semble bien que les ouvriers allemands, qui, instruits ou plutôt domptés par les désastres de l'inflation, travaillent à bas prix, adoptent la première méthode et qu'ils entrevoient une occasion de prendre la clientèle que l'Angleterre perdra. Quant à la seconde méthode, celle qui consiste à venir en aide aux grévistes anglais par solidarité, autant mettre un revolver entre les mains d'un homme qui annonce l'intention de se suicider.

Supposons que les mineurs anglais l'emportent et qu'ils conservent leurs hauts salaires. C'est à bref délai un déficit nouveau et certain des exportations anglaises avec une recrudescence de chômage. À la limite, quarante-cinq millions d'Anglais jeûnent dans leurs petites îles privées d'agriculteurs. Et il y a des gens qui prennent le socialisme pour un système et un parti d'hommes intelligents ! La méthode de Gribouille était géniale en comparaison de celle-là.

L'Action française, *6 mai 1926*.

Chapitre 29

L'Angleterre et l'Égypte

L'Action française, *29 mai 1926*.

ON demandait l'autre jour devant nous à un Anglais, écrivain de talent, intellectuel de race, ce qu'il pensait de la grève générale qui, à ce moment, venait d'éclater dans son pays.
- Je pense, dit-il en martelant ses mots, qu'on en viendra à reconnaître que le peuple n'a aucun droit.

Lorsque l'Anglais est poussé à bout, lorsqu'il sort de son flegme, lorsqu'il se met à boxer celui qui a lassé sa patience, il va fort loin. Son libéralisme pèse peu ou plutôt c'est un lest qui est facilement jeté. Peut-être les dirigeants de l'Empire britannique n'en sont-ils pas encore venus à dire que le peuple n'a aucun droit. Mais ils sont tout prêts à se comporter comme si le droit du peuple égyptien devait recevoir des limites.

Les élections égyptiennes ont ramené en triomphe Zaghloul et ses partisans. L'Égypte ne se fatigue pas de manifester en faveur de sa « libre disposition » et de son indépendance. L'Angleterre ne se fatigue pas de maintenir son contrôle sur le canal de Suez, le Nil et le Soudan. Tout fait penser que, là-dessus, elle sera irréductible. Le peuple égyptien ne semble pas moins irréductible dans sa volonté de disposer de lui-même. Un arrangement paraît difficile puisque l'organe des travaillistes, le *Daily Herald* lui-même, écrivait l'autre jour que, quant à la garantie et à la protection du canal, aucun Anglais ne pouvait transiger.

Pour que l'Empire britannique puisse durer, il faut au moins qu'il soit sûr de ses voies de communication. Déjà trop d'éléments dissolvants le travaillent. Des nationalistes, il n'y en a pas seulement au Caire. Il y en a dans l'Afrique du Sud, et ceux-là vont jusqu'à poursuivre l'abolition du drapeau anglais, de *l'Union Jack,* signe de ralliement des sujets du roi George sur toute la planète.

Avec l'Espagne, qui est l'Espagne de Primo de Rivera, nous venons de rendre service à l'Angleterre en mettant fin à la rébellion du Riff. Bien qu'il n'y ait pas de commune mesure entre un aventurier comme Abd el Krim et un homme cultivé comme Zaghloul, il n'en est pas moins vrai que la reddition d'Abd el Krim a combattu l'effet de la victoire électorale des zaghloulistes. Les deux ondes se seront contrariées en circulant à travers le monde musulman.

Mais Zaghloul aurait triomphé sans contrepartie, l'Islam hostile n'aurait pas pleuré d'un œil tandis qu'il riait de l'autre, si des soldats français n'avaient détruit la « République du Riff ». Nous sommes tout disposés en France à reconnaître que la marine britannique est un des plus grands agents d'ordre qui existent dans le monde et que, sans elle, la barbarie renaîtrait, que tous les établissements européens, surtout d'Asie, seraient compromis rapidement. Pourquoi la politique anglaise poursuit-elle le désarmement de la France, comme si l'armée française ne jouait pas le même rôle que sa marine ? Quand il n'y en aura plus, les Anglais ne tarderont pas à le regretter. Et ils ont moins à craindre une France militariste qu'une France où il ne resterait plus rien de militaire.

L'Action française, *29 mai 1926.*

Chapitre 30

Le Royaume qui n'est plus « uni »

L'Action française, *23 novembre 1926.*

APRÈS de longues séances secrètes, la Conférence des Dominions a publié une communication solennelle, qui n'est, d'ailleurs, pas une surprise. Le roi d'Angleterre avait déjà changé de nom pendant la guerre, puisqu'il avait renoncé à celui de Saxe-Cobourg et Gotha pour appeler sa maison Windsor. Maintenant, il change de titre. Il ne sera plus « roi du Royaume-Uni d'Angleterre et d'Irlande et des territoires britanniques au-delà des mers, défenseur de la foi, empereur des Indes », mais « roi d'Angleterre, d'Irlande et des Dominions britanniques, etc... »

C'est la consécration d'un fait accompli. Le royaume de George V n'est plus uni puisque l'Irlande est autonome. Un conflit séculaire a pris fin par la défaite des « unionistes ». Le Royaume-Uni est du passé.

Nul ne peut prévoir, d'ailleurs, ce que seront dans l'avenir les relations de l'Angleterre et de l'Irlande. Pour le moment, il y a trêve. À la conférence, M. Kevin O'Higgins, qui représentait l'État libre, a produit une excellente impression. On se dit que l'Irlande agricole prospère par ses ventes fructueuses de produits alimentaires à la vaste population industrielle de Grande-Bretagne. Il ne se pose plus, pour le moment, de questions de sentiment bien qu'il subsiste un parti irlandais intransigeant.

Il n'en est pas moins vrai que l'Irlande, de même que les Dominions, a désormais la faculté de rester neutre dans une guerre où serait engagée la Grande-Bretagne. La nouvelle « Communauté *(Commonwealth)* britannique de

Nations » dont la conférence a fixé le statut n'offrirait plus, en cas de guerre, la belle unité que l'Empire britannique avait montrée en 1914, lorsque d'Australie, de Nouvelle-Zélande, de l'Afrique du Sud, arrivaient des régiments pour soutenir la cause de la métropole. Les Dominions n'interviendraient que s'ils le voulaient. Et l'on peut espérer qu'ils le voudraient, mais on peut l'espérer seulement.

Quant à l'Irlande, pendant la guerre, une partie a été fidèle, une autre ennemie. Roger Casement avait conspiré avec l'Allemagne contre l'Angleterre. Qu'arriverait-il une autre fois ? Nul n'est en mesure de le prévoir, pas même les Irlandais. L'évolution qui transforme l'Empire britannique en communauté de nations libres était attendue, tant les signes depuis huit ans en ont été manifestes. Il serait téméraire de dire que cette évolution est arrêtée, quelle que soit la largeur d'esprit avec laquelle la politique anglaise relâche les liens dont les Dominions ont voulu s'affranchir.

L'Action française, *23 novembre 1926*.

Chapitre 31

Remarques quotidiennes

La Liberté, *17 décembre 1926.*

« Il faut apprendre à l'ouvrier qu'il est malheureux, » disait Ferdinand Lassalle, un des fondateurs du socialisme au siècle dernier. M. Baldwin vient de montrer que cette formule avait été perfectionnée par le communisme. Il ne suffit plus d'apprendre à l'ouvrier qu'il est malheureux. Il faut le rendre malheureux, le pousser à des grèves, qui ruinent la collectivité et qui le ruinent. Alors, il est mûr pour la révolution.

Il n'y a, cependant, à y bien regarder, aucun pessimisme dans le message de M. Baldwin. Du reste, le Premier aurait tort. La grève des mineurs vient de se terminer à la confusion et à la honte des agitateurs. M. Cook est allé se réfugier à Moscou, tandis que les mineurs vaincus reprenaient le chemin des fosses. Cette défaite est une des plus graves que le socialisme ait subies.

Il semble donc que M. Baldwin ait saisi cette occasion de parler aux ouvriers et de leur faire sentir les échecs et les malheurs auxquels de mauvais bergers les mènent. D'ailleurs, jamais les conservateurs anglais n'ont été séparés des masses populaires. Ils ont toujours su leur parler. Ils ont souvent su leur faire comprendre que l'intérêt de la classe ouvrière ne pouvait pas se séparer de l'intérêt général. On ne s'expliquerait pas, sans cela, qu'il pût y avoir des gouvernements conservateurs dans un pays industriel où les prolétaires sont plus nombreux que les possédants.

Dans les pays comme la France, où il y a encore une population agricole et une majorité de propriétaires, aucune subversion sociale n'est à craindre. Dès que le saint-frusquin est menacé, la majorité de l'ordre se reforme et l'on se battrait au besoin farouchement, comme en juin 1848, pour la propriété et l'héritage. La rançon de cette sécurité, c'est qu'il est très difficile, sinon impossible, d'élever l'électeur villageois au-dessus de son horizon borné, et borné le plus souvent par sa jalousie pour le voisin qui possède deux arpents de terre de plus que lui. Cet esprit campagnard, exprimé à merveille par M. Ponsot, a fait la fortune du parti radical-socialiste.

Au contraire, dans les pays d'industrie, s'il y a moins de stabilité, le travailleur peut comprendre qu'il a besoin, pour vivre, que l'usine marche, que le patron gagne de l'argent, que le pays soit grand, riche, fort et respecté. Promettez à un paysan, qui pourtant possède déjà lui-même, le partage des terres du châtelain, il sera tenté. L'ouvrier est capable de s'apercevoir qu'une usine ne se partage pas, qu'elle s'arrête s'il n'y a pas de capitaux pour la faire marcher, et qu'elle chôme si la nation est sans prestige au dehors et si la politique du gouvernement ne procure pas aux produits nationaux des marchés et des débouchés. C'est pourquoi il y a, de temps en temps, en Angleterre, des vagues qui ramènent les conservateurs au pouvoir.

La Liberté, *17 décembre 1926.*

Chapitre 32

Crépuscule des nations blanches

L'Action française, *4 février 1927*.

LE « Crépuscule des nations blanches », selon le titre éloquent du livre de M. Maurice Muret, tend à devenir une sombre nuit, tandis que la « montée des peuples de couleur » est comme un soleil levant. C'est un détail qui ne dit peut-être pas grand-chose à des imaginations occidentales que la démission du directeur des douanes chinoises, sir Francis Aglen. Pourtant, avec les douanes, que suivrait vite la gabelle, ce qui disparaîtrait, ce sont des institutions qu'on a pu, à leur création, regarder comme un progrès et une conquête de la civilisation européenne.

Là est le vrai drame du mouvement révolutionnaire et nationaliste chinois. Depuis 1918, dans le bouleversement de notre vieux monde, après la chute de tant d'autorités, la finance anglo-saxonne, survivant à la Chambre des Seigneurs de Prusse et au Sénat de l'Empire russe (que Jaurès disait d'ailleurs moins réactionnaire que le Sénat français), a travaillé à sauver et à restaurer partout l'ordre capitaliste, sacrifiant, selon les pays et selon les cas, les aspirations nationales aux aspirations démocratiques, ou réciproquement. L'action de cette grande puissance ne saurait être niée, car nous la retrouvons dans nos propres affaires depuis sa campagne de 1924 contre M. Poincaré pour l'occupation de la Ruhr jusqu'à l'exclusive de 1926 contre M. Léon Blum, exclusive devenue favorable à M. Poincaré, rédempteur du franc. Et quand la formation d'un ministère de droite à Berlin est vue à Londres sans sourciller, quand M. Winston Churchill loue M. Mussolini d'avoir rendu service à l'Europe, c'est la même idée qui s'exprime, les hommes d'affaires de la Cité ne professant pas qu'on fait de l'ordre avec du désordre.

Les banquiers qui gouvernent le monde, parmi des succès marqués, n'avaient encore subi qu'un échec, avec la Russie. Encore se flattaient-ils d'assagir, de modérer et de dompter le bolchevisme. Mais la toile qu'ils ont recousue en Europe se déchire en Asie où la régression est sectaire. Abandonner Shanghaï serait un recul, une défaite, la destruction de l'œuvre capitaliste qui remonte au milieu du dix-neuvième siècle. Voilà pourquoi une escadre et des troupes ont été envoyées vers le grand port du commerce avec l'Extrême-Orient.

On reproche au gouvernement britannique de suivre, dans cette circonstance, des méthodes contradictoires, de ne pas choisir entre la conciliation et la force, entre la Chine du Nord et la Chine du Sud, entre les conservateurs et les révolutionnaires, entre Tchang-Tso-Lin et Eugène Chen. On prédit à l'Angleterre - ce dont le départ de sir Francis Aglen est un signe - qu'elle se mettra à dos tous les Chinois réunis dans le même sentiment national. Comme s'il était facile d'opter !

En théorie, il est séduisant de se ranger du côté de Tchan-Tso-Lin qui dénonce le bolchevisme comme l'ennemi qu'il faut combattre. Mais si l'on s'allie à Tchang-Tso-Lin, on doit aussi attendre de pied ferme un conflit déclaré avec les Soviets, affronter la lutte, toujours écartée par la politique anglaise, entre « la baleine » et « l'éléphant ». Ces choses-là sont un peu au-dessus des forces des banquiers qui gouvernent le monde. On comprend que le cabinet de Londres hésite et louvoie.

L'Action française, *4 février 1927*.

Chapitre 33

La querelle des croiseurs

L'Action française, *16 février 1927.*

EST-IL vrai que ce n'est pas tant à notre poignée de croiseurs qu'en veut le président Coolidge qu'à la flotte de navires légers qu'a su se donner l'Amirauté britannique ? Le gouvernement américain estimerait qu'à la Conférence de Washington M. Harding et M. Hughes auraient été joués par les Anglais qui ont, depuis, largement compensé la réduction de leurs vaisseaux de haut bord.

Chose curieuse, c'est pendant la durée du ministère travailliste qu'ont été mis en chantier les croiseurs dont le gouvernement américain s'inquiète. On se rappelle peut-être cet incident du ministère Mac Donald. L'Amirauté avait habilement profité de la faiblesse du cabinet, de la crainte qu'il avait de tomber sur une question d'ordre national. Et il lui avait fait faire ce que M. Baldwin n'eût peut-être pas osé, par une autre crainte, celle que le *Labour* Party lui reprochât d'engager des dépenses militaires excessives.

Cependant les Anglais défendent leurs croiseurs et leurs navires auxiliaires par des arguments qui sont valables pour nous. Ils invoquent la nécessité où ils sont de protéger leurs routes commerciales et les communications avec leurs colonies, d'assurer la police des mers sur le long développement de côtes qu'offrent leurs possessions. C'est exactement notre cas.

Nous avons le deuxième empire colonial du monde. Pourrons-nous le garder avec la cinquième marine ? C'est déjà trop qu'ayant des colonies riches et vastes nous n'ayons qu'une flotte de commerce insuffisante, ce qui nous rend tributaires des « rouliers des mers ». On n'évalue pas assez ce que nous leur payons en frets chaque année. C'est autant qui pèse sur notre balance commerciale, autant qui accroît l'« exportation invisible » de l'Angleterre et soutient la livre sterling.

Dans ce renouvellement de la querelle sur les forces navales, la légitime défense du littoral métropolitain et des possessions d'outre-mer n'est d'ailleurs pas seule à considérer. Nous parlions tout à l'heure de police. Qu'arriverait-il dans l'océan Indien, l'océan Pacifique, les mers de Chine, si des navires de guerre européens ne les sillonnaient ? On ne tarderait pas à voir la piraterie renaître. Déjà, dans ces parages, quelques attaques de navires de commerce ont été signalées dans ces dernières années. Les corsaires ne tarderaient pas à se multiplier, à s'enhardir et, qui sait, à se rapprocher peu à peu de l'Occident. Le prestige européen est déjà bien affaibli, la civilisation européenne plus fragile qu'on ne croyait. Il ne manquerait plus au recul des nations blanches que la perte de cette domination de la mer qui, au dix-neuvième siècle, avait assuré la pénétration de l'Afrique et de l'Asie.

L'Actions française, *16 février 1927*.

Chapitre 34

L'Angleterre et les Soviets

L'Action française, *25 février 1927*.

POUR la sixième fois, le gouvernement britannique vient de protester contre la violation des engagements pris par les Soviets. Il est vrai que, chaque fois, le ton monte et que la note de M. Chamberlain constitue, comme on dit, un avertissement sévère. Et après ? Est-on bien résolu à aller jusqu'aux sanctions ? Ne se contentera-t-on pas de vaines paroles ? Une partie de la presse anglaise (nous ne parlons pas de celle qui reçoit de la publicité payée par les agents commerciaux soviétiques) semble le croire et un journal de Londres demande ironiquement si le lion britannique n'est pas remplacé comme emblème national par un petit lapin blanc.

L'Angleterre a commis une erreur en recevant chez elle les représentants des Soviets. Cette erreur, très répandue, consiste à croire que le commerce, comme la musique, adoucit les mœurs. « Je ne crois pas à la guerre, disait M. Lloyd George en 1910. Les Allemands nous vendent des marchandises pour des millions de livres. Pourquoi nous tueraient-ils ? Nous leur en vendons pour d'autres millions de livres. Pourquoi les tuerions-nous ? » Cependant, entre Allemands et Anglais, on s'est très proprement tué.

Ce n'est pas parce qu'en échange d'objets manufacturés la Russie cède à l'Angleterre du lin ou du mazout que les Soviets renonceront à leur raison d'être.

La révolution universelle est sans doute un mythe. Mais, sans ce mythe, le gouvernement soviétique devient un gouvernement comme un autre, il cesse d'être lui-même, il a fini d'exister. C'est pourquoi il n'a pas pu s'empêcher de soutenir la grève des mineurs anglais.

M. Baldwin et ses collègues ont été moins sensibles à cet affront qu'à la participation des bolcheviks dans l'assaut donné à Shanghai. Sans doute jugent-ils que l'Angleterre peut se défendre chez elle, et l'échec de la grève leur a donné raison. Au loin, elle est plus vulnérable. Un homme d'État anglais ne peut, sans se sentir mouillé d'une sueur froide, penser au nouveau trou que creuserait dans le commerce, l'industrie et le budget britanniques, la perte du marché chinois.

Il est clair que c'est par l'Asie que les Soviets veulent atteindre l'Angleterre, car, l'Angleterre une fois affaiblie, la révolution universelle ne devient plus aussi absurde que cela. D'où l'intérêt et la part que le communisme prend aux événements de Chine. Tous ceux qui croient au dogme de la révolution tressaillent d'espérance. M. Ramsay Mac Donald lui-même n'a pu s'empêcher, dans les affaires de Chine, de parler et de faire des vœux contre son pays. Voilà l'homme de gouvernement qu'en France on a loué et admiré, comme si le Labour Party n'avait pas toutes les tares du socialisme et n'était pas, comme lui, le dernier état de l'abjection intellectuelle et de la démagogie.

L'Action française, *25 février 1927*.

Chapitre 35

La girouette de M. Garvin

L'Action française, *1ᵉʳ mars 1927*.

NOUS regardons toutes les semaines la girouette de *l'Observer*. Car ce journal-revue, malgré son titre, n'observe pas. Il est fait pour être observé, tel, au sommet du clocher, le coq qui donne la direction des vents.

Son éditeur, M. Garvin, qui, de 1914 à 1918, se signala par sa haine des Allemands qu'il n'appelait jamais autrement que les Huns, a été ensuite un des apôtres du pardon et de la réconciliation. Depuis dimanche, il est revenu au langage belliqueux et, cette fois, c'est aux Soviets qu'il applique ses métaphores violentes et guerrières.

Des métaphores : peut-être est-ce tout ce que l'Angleterre peut riposter pour l'instant au défi de Moscou. M. Garvin prédit que, si les bolcheviks ne se décident pas à changer de méthode, que, s'ils continuent à propager la révolution universelle, à se comporter en ennemis de la civilisation (c'est-à-dire à menacer les intérêts de l'Angleterre en Chine et ailleurs), le monde, au cri de : « Écrasons l'infâme, » se dressera bientôt contre eux.

« Écrasons l'infâme » fait bien et est vite dit. Il n'est pas aussi certain que le croit M. Garvin que le monde se coalise contre Moscou. Nous invitons son *Observer à* observer que la politique anglaise a mis toute son influence à l'œuvre pour endormir les légitimes suspicions, décourager les résistances et désarmer les esprits. Qui a conçu la conférence de Prinkipo ? Qui a voulu celle de Gênes ? Nous le répétons : les pays qui ont reconnu le pouvoir soviétique ont, pour la plupart, désiré faire plaisir *à* l'Angleterre. Il leur est difficile, quelle que soit leur bonne volonté, de changer de politique tous les trente mois.

On le sent bien à Londres. On sent aussi que l'Angleterre, si elle poursuivait jusqu'à la rupture sa querelle avec Moscou, serait isolée. On ne parle donc pas de ces solutions extrêmes. M. Garvin termine son article enflammé par l'espérance plus, calme d'arriver à un règlement pacifique avec la Chine et ensuite à un règlement précis avec « une politique russe plus saine ».

Quel peut être, pour la politique russe, le signe de ce retour à la santé ? Faut-il compter que les Soviets se modéreront et s'amenderont ? Les banquiers qui gouvernent le monde et qui n'aiment ni le socialisme ni le communisme ont cru que la reprise des relations commerciales produirait cet effet apaisant. Jusqu'ici, le résultat a été loin de répondre à leur attente. Comme il n'est pas question de lancer une armée sur Moscou, la « politique plus saine » ne pourrait venir en Russie que d'une évolution intérieure secondée par cette cavalerie de Saint-Georges qui, peut-être, en ce moment, détourne de Shanghaï les mercenaires cantonais. C'est à peu près la seule issue que l'on voie

L'Action française, *1er mars 1927*.

Chapitre 36

La lutte de l'Angleterre et des Soviets en Asie

La Liberté, *29 Mars 1927.*

TOUTE la question, en Chine, est de savoir si les Sudistes seront plus révolutionnaires que nationalistes, c'est-à-dire si, après s'être servis du bolchevisme pour le triomphe du nationalisme, ils s'affranchiront de l'influence russe, qui est, elle aussi, une influence étrangère. Cet affranchissement des Sudistes est escompté depuis longtemps. Il se fait attendre. Il est visible que les Soviets, habiles et tenaces dans toutes les formes de la propagande, ménagent autant qu'ils le peuvent le sentiment d'indépendance des Chinois.

Qui les Soviets visent-ils en première ligne ? L'Angleterre. Il ne faut pas oublier que, derrière les événements de Shanghaï et de Nankin, il y a la feuille de papier sur laquelle est écrit l'« avertissement sévère » de sir Austen Chamberlain à Moscou. Comme il est arrivé plus d'une fois au dix-neuvième siècle, la rivalité anglo-russe a pour théâtre l'Asie.

Le plan soviétique paraît bien être d'encercler l'Inde. Après avoir contaminé la Chine et expulsé l'Angleterre de ses positions commerciales, le bolchevisme pénétrerait la Perse et l'Afghanistan. Alors, le même travail serait entrepris dans l'empire des Indes, toujours sous les auspices du nationalisme révolutionnaire, dont la formule séduit les populations asiatiques. Ce n'est assurément pas l'œuvre d'un jour. Mais l'Angleterre ne peut pas manquer de comprendre qu'elle est directement menacée.

Ne nous dissimulons pas que nous le serions avec elle.

Comme les concessions de Shanghaï, les colonies européennes en Asie dépendent les unes des autres et s'épaulent les unes les autres. Les Hollandais l'ont déjà éprouvé tout dernièrement quand les mouvements communistes ont éclaté dans les îles de la Sonde. Combien de temps garderions-nous l'Indochine si les Anglais venaient à perdre l'Inde ? Le Tonkin n'est séparé du foyer nationaliste et révolutionnaire de Canton que par le Yunnan, où nous avons d'ailleurs des intérêts considérables. Le Yunnan garde encore une sorte de particularisme. Que ce rideau tombe, et l'on verra combien sont fallacieuses les apparences de ménagements que les Sudistes affectent provisoirement pour ce qui est français. Le mouvement des Cantonais dans la direction de Pékin, d'où ils espèrent gouverner toute la Chine, ne doit pas détourner l'attention de la région méridionale qui borde notre frontière et où le toukioun encore indépendant peut s'effondrer en un jour et s'en aller rejoindre les dollars qu'il a mis à l'abri en Amérique.

Il a fallu de longues années avant que l'Empire romain mourût. Les contemporains, confiants dans sa force éternelle, ne croyaient pas qu'on pût en voir le terme. Les premiers craquements passèrent inaperçus. Lorsqu'il fut tombé, le monde en garda un long regret, qui se confondit avec celui de la paix romaine. Le jour où l'Empire britannique viendrait à disparaître, on verrait combien de choses sont condamnées à périr avec lui, y compris ce bienfait auquel nous ne pensons plus, tant il a fini par paraître naturel, et qui est la sécurité de la navigation sur toutes les mers du globe.

La Liberté, *29 Mars 1927*.

Chapitre 37

L'Angleterre et le front commun contre les Soviets

La Liberté, *10 avril 1927.*

SIR Austen Chamberlain a dit : « Les Soviets veulent détruire l'Empire britannique. » Des paroles comme celles-là ont une grande importance et une grave signification. Un ministre anglais ne les prononce pas à la légère. De ce conflit entre l'Angleterre et le communisme, il est impossible qu'il ne sorte pas de conséquences considérables. On aurait donc tort de considérer le mot de sir Austen Chamberlain comme une boutade et c'est cependant ce que l'on fait en France.

On sait par expérience que l'Angleterre, lente à voir les choses, lente à se décider et à se mettre en train, va jusqu'au bout, une fois qu'elle a pris son parti. Elle fera avec les Soviets comme elle a fait de 1914 à 1918 avec l'Allemagne, elle tiendra bon, elle formera toutes les coalitions possibles contre son ennemi, quitte à se rapprocher de lui quand il sera vaincu et à laisser ses alliés s'arranger comme ils pourront.

Il est déjà visible que la politique anglaise a cherché et trouvé des concours contre le bolchevisme. Les relations de l'Angleterre avec l'Italie fasciste sont excellentes. La Hongrie du régent Horthy ne s'est pas rapprochée de l'Italie par hasard tandis que la Roumanie, à qui les Italiens garantissent maintenant la Bessarabie, approuve cette union. Nous assistons à la naissance d'un système dont l'âme est à Londres.

En France, pendant ce temps, que se passe-t-il ? La

diplomatie française s'inquiète surtout des projets de M. Mussolini et de ses intentions belliqueuses. On croit toujours à un danger sur la frontière des Alpes. Nous n'inventons rien et beaucoup de signes confirment l'existence de ces alarmes. Sont-elles justifiées ? C'est une autre affaire. On peut seulement se demander si cette méfiance à l'égard de l'Italie n'est pas inspirée par des idées et des préoccupations de parti et si des hommes de gauche ne sont pas naturellement portés à croire qu'un dictateur doit faire la guerre.

En tout cas, on est placé devant l'alternative suivante : ou bien le fascisme se lancerait dans des aventures extérieures au moment où la défense de l'Europe contre le communisme est un devoir, et il trahirait ses propres principes aussi bien que la civilisation ; ou bien la politique française se fourvoie entièrement lorsqu'elle néglige le péril communiste et reste hypnotisée par la crainte d'un coup de tête italien.

L'Angleterre regrette assurément que la France ne soit pas mieux disposée à entrer dans une ligue contre le bolchevisme. Elle paie ici le manque de prévoyance qui la caractérise. Il ne fallait pas, après 1918, contrecarrer notre politique et prendre le parti de l'Allemagne contre la France. Il ne fallait pas nous entraîner à reconnaître les Soviets. Il ne fallait pas désirer des élections de gauche en France pour obtenir l'évacuation de la Ruhr. De même, en Extrême-Orient, l'Angleterre s'étonne de ne pas trouver le Japon très chaud pour le front commun contre le bolchevisme. Mais elle oublie qu'elle a, fort brutalement, rompu sa vieille alliance avec le Japon pour complaire aux États-Unis, - lesquels convoitent la place qu'elle occupait en Chine.

Le front commun contre le bolchevisme nous sera probablement imposé un jour ou l'autre par la défense de nos propres intérêts en Asie. Il s'agirait alors de ne pas nous jeter d'enthousiasme dans les bras de l'Angleterre, qui aura besoin de nous comme elle en a eu besoin de 1914 à 1918. Nous aurions à débattre nos conditions. Une des premières sera que la Grande-Bretagne ne nous parle plus des dettes de guerre. Car si son alliance se traduit par des notes à payer, merci ! Elle en dégoûtera tout le monde.

La Liberté, *10 avril 1927.*

Chapitre 38

Rule, Britannia !

L'Action française, *9 avril 1927.*

SIR Austen Chamberlain vient de se résoudre à un double et pénible aveu. Il a reconnu que les Soviets avaient pour dessein de ruiner l'Empire britannique. Et il a reconnu que l'Angleterre ne pouvait pas grand-chose contre les Soviets.

Entre l'avertissement sévère du gouvernement britannique à Moscou et le développement de l'activité soviétique en Chine, il y a une relation évidente. L'Angleterre est inexpugnable dans ses îles. Elle ne craint rien sur les mers. Elle est éminemment vulnérable dans ses possessions et dans ses intérêts des pays lointains, d'Asie surtout, qui sont les artères par lesquelles se nourrissent quarante-cinq millions de gros mangeurs resserrés sur ses petites îles.

Lorsque l'Allemagne, comprenant qu'aucun Austerlitz n'avait prévalu contre Trafalgar, et n'osant risquer ses escadres dans une bataille navale plus décisive que celle du Jutland, voulut se débarrasser de l'Angleterre et lui porter un coup mortel, elle entreprit de l'affamer. L'Angleterre, c'est sa faiblesse, ne se nourrit pas elle-même. Elle a remplacé l'agriculture par l'industrie, le champ par l'usine, le paysan par l'ouvrier. C'est son erreur. Il se peut qu'elle la paie cher un jour. Les Allemands savaient que, pour affamer l'Angleterre et la mettre à genoux bien plus sûrement qu'eux-mêmes, il suffisait d'arrêter et de couler les navires qui transportent les aliments des Anglais. D'où la guerre sous-marine à outrance.

Système enfantin. Les Anglais, qui ont le génie de la

mer, trouvèrent tout de suite la réplique, et les sous-marins allemands jonchèrent le fond des océans. Partant du même principe, les Soviets ont eu une idée bien plus maléficieuse, puisque c'est à la source même qu'ils entreprennent de paralyser le ravitaillement des Anglais. Et mieux qu'à la source. Mieux qu'une paralysie. S'ils réussissent à supprimer les revenus que tire l'Angleterre de son commerce multiforme avec plusieurs centaines de millions de clients asiatiques, toute l'organisation financière sur laquelle repose son existence sera anéantie.

Pour préserver cette organisation, qui est vitale pour eux et nourricière, les Anglais, dès le lendemain de la guerre, ont voulu la restauration économique de l'Europe. Ils ont surtout ranimé la concurrence allemande, puis réchauffé le serpent rouge dans leur sein. Leur double déficit, budgétaire et commercial, est destiné à s'aggraver par les désordres de l'Asie. M. Tchitcherine, que la *Fornightly Review* représentait récemment comme dominé par la crainte et la haine de l'Empire britannique, sait ce qu'il fait. Il sait où frapper l'ennemi héréditaire.

Bien naïfs ces nationalistes des temps tsaristes qui rêvaient une invasion de l'Inde. Les Soviets n'envahissent pas. Ils envoient aux Asiatiques le poison admirablement dosé de leur doctrine et de leur propagande. Et de quelle riposte est capable l'Angleterre ? On n'ira pas assiéger Sébastopol, et la nouvelle Russie, à Moscou, se rit des démonstrations navales autant que la nouvelle Turquie à Angora. L'Angleterre est sur la défensive et elle doit d'abord vaincre chez elle la conspiration communiste et socialiste en refoulant le pouvoir des *Trade Unions,* déchues de leur ancienne réputation de sagesse. Éclairés par l'attitude de nos partis de gauche, les hommes d'État britanniques comprendront-ils qu'en fait de ménagements, l'un de leurs premiers intérêts est de ménager les éléments conservateurs sur le continent ?

Chapitre 39

Le vote des femmes

La Liberté, *15 avril 1927*.

L'ANGLETERRE accomplit un pas nouveau vers l'universalisation du suffrage. Après avoir donné le droit de vote aux femmes de plus de trente ans, elle abaisse cette limite à vingt et un ans, comme pour les hommes. L'élément féminin étant, en Grande-Bretagne, sensiblement supérieur à l'élément masculin, - il y aura désormais 14,500,000 électrices contre 12,500,000 électeurs, - l'Angleterre sera désormais gouvernée par les femmes, ce qui n'aura d'ailleurs rien de *surprenant au* pays de Marie Tudor, d'Elisabeth et de Victoria.

Après tout, Blanche de Castille, *Anne de* Beaujeu, Catherine et Marie de Médicis, Anne d'Autriche *n'ont pas* non plus fait si mauvaise figure de reines et de régentes. On ne voit rien qui rende les femmes indignes de s'occuper de politique. Leur bon sens et leur esprit d'observation sont reconnus. Quelle raison peut-il y avoir de les éloigner des sections de vote où le premier ivrogne venu a accès ? Du moment que le suffrage est universel, les femmes doivent voter. Et, du moment qu'elles votent, la limite d'âge doit être égale pour elles et pour les hommes. Pourquoi une joueuse de tennis de vingt et un ans serait-elle moins apte à choisir entre un conservateur, un libéral et un travailliste qu'un joueur de golf du même âge ? C'est l'évidence à laquelle M. Baldwin a fini par céder.

Notez bien que l'Angleterre a été très lente à venir au suffrage universel. Elle ne s'y est décidée que péniblement et le droit de suffrage n'a été étendu que par étapes qui se sont prolongées jusqu'au vingtième siècle. Récemment encore, on corrigeait la démocratie en accordant aux propriétaires le droit de voter dans toutes les circonscriptions où ils avaient des immeubles. C'est que le régime parlementaire anglais, inventé par les barons ; était d'origine aristocratique et que les Anglais craignaient de l'altérer en le démocratisant.

Ces craintes n'étaient pas tout à fait injustifiées. Mais du moment que le parlementarisme cessait d'être le monopole et le sport d'une classe, - on l'a comparé justement à une partie de football avec une équipe conservatrice d'un côté, une équipe libérale de l'autre, - on devait être conduit à faire voter tous les adultes. Le suffrage des femmes est dans la logique de la démocratie, qui veut que tout le monde soit représenté.

En cette circonstance, les Anglais, qu'on dit inaccessibles à la raison pure, suivent la logique, à laquelle les Français *tournent le* dos. Pourquoi, en effet, le droit de vote est-il refusé aux femmes françaises avec tant d'obstination, tandis que les Anglaises et les Allemandes, pour ne parler que d'elles, sont électrices et éligibles ? Ne cherchons pas bien loin : c'est parce qu'on se méfie des confesseurs. Et le préjugé est fort ancien. C'est Ponsard qui fait dire - dans le *Lion amoureux,* je crois, - à l'un de ses personnages, ce vers célèbre :

Les femmes n'ont jamais aimé la république.

Et il est vrai qu'on verrait, en France, beaucoup de femmes conservatrices, modérées ou révolutionnaires, mais qu'il s'en trouverait très peu d'affiliées au parti radical-socialiste et au comité de la rue de Valois.

La Liberté, *15 avril 1927.*

Chapitre 40
État de « guerre non déclarée »

L'Action française, *31 mai 1927*.

LA recrudescence de l'agitation nationaliste en Égypte pourrait, au premier abord, sembler en relation avec la rupture anglo-soviétique. Mais les racines du nationalisme égyptien sont plus anciennes et plus profondes. Quant au nouvel incident, il remonte à cinq semaines, à la chute du ministère de conciliation Adly pacha.

Par exemple, ce qui n'est pas sans rapport avec l'attitude que le gouvernement britannique a prise à l'égard de Moscou, c'est l'envoi immédiat de trois navires de guerre à Alexandrie. Dans les circonstances présentes, l'Angleterre estime nécessaire d'inspirer le respect partout et de montrer qu'elle est aussi forte que résolue. Sinon, en effet, toutes ses possessions pourraient vite flamber.

Il est donc exact de dire qu'elle se trouve dans un état de « guerre non déclarée » avec les Soviets. Des hostilités directes et formelles sont improbables parce que les éléments où la baleine et l'éléphant se meuvent sont trop différents et parce que, des marais de Poltawa aux glaces de la Bérézina, l'expérience enseigne la vanité des expéditions dans un pays défendu par la steppe et par le général Hiver. La campagne de Crimée reste le type d'une guerre purement politique qui ne pouvait avoir d'autre résultat que de faire céder et d'humilier le tsar Nicolas 1er.

Il vient de paraître, sous la signature de M. Jean Xydias, un curieux récit de l'Intervention *française en Russie (1918*-1919). Histoire, du reste, attristante. On sait comment le général d'Anselme dut évacuer Odessa et livrer cette ville aux bolcheviks après avoir vainement tenté d'organiser contre eux une résistance.

Sans accepter toutes les vues de M. Jean Xydias, certaines méritent au moins d'être retenues, quand il dit, par exemple, que tout malheureux qu'ils ont été, les essais de contre-révolution ont eu l'avantage de « fixer le bolchevisme en Russie » et de l'empêcher de passer à l'action extérieure de connivence avec les Allemands. Mais son livre atteste surtout de fortes préventions contre l'Angleterre à qui il reproche d'avoir vu dans la révolution russe le moyen de ruiner le colosse moscovite et de s'affranchir de sa présence au Congrès de la Paix.

La persistance de ses sentiments, qu'il n'est pas excessif de qualifier d'anglophobes, leur expression peu ménagée sont deux choses également remarquables chez un adversaire du bolchevisme. Le livre de M. Jean Xydias a été écrit et publié avant la rupture du gouvernement britannique avec les Soviets. On serait curieux de savoir ce que l'auteur en pense et s'il est de ceux qui croient que l'Angleterre n'en veut qu'à la Russie à travers le tsarisme ou les Soviets. Il ne sera pas moins intéressant d'observer si les dirigeants de Moscou excitent contre « la perfide Albion » l'ombrageux patriotisme russe dont M. Jean Xydias, dans l'autre camp, est l'interprète. Il est vrai, comme le remarque M. Garvin, que les Soviets ont conspiré contre la société capitaliste anglaise tout en sollicitant des crédits de la finance britannique. Cette contradiction est pour eux gênante car elle est l'indice d'une faiblesse. Il est assez ennuyeux de montrer le poing aux Anglais et de faire les yeux doux à la livre sterling.

L'Action française, *31 mai 1927*.

Chapitre 41

Les puissances coloniales sur la défensive

La Liberté, 4 juin 1927.

DEUX hommes se sont longtemps querellés pour la possession d'un champ. À la fin, ils se le partagent sans qu'aucun des deux soit tout à fait content de son lot. Mais, un jour, la propriété leur est contestée et ils doivent s'unir pour défendre leurs droits... Cette histoire est celle de la France et de l'Angleterre en ce qui regarde leurs colonies. La visite à Paris de M. Amery, les discours qui ont été prononcés hier par lui-même ainsi que par M. Poincaré et par M. François Marsal prouvent que les puissances qui ont des possessions d'outre-mer ont dû passer à la défensive.

La rivalité coloniale entre la France et l'Angleterre a duré deux cents ans. Elle a été rude. Elle a causé de longues guerres et fait couler beaucoup de sang. On s'est battu sur toutes les mers et par tous les moyens. La France a aidé les insurgés d'Amérique. L'Angleterre a riposté, en 1789, en répandant l'anarchie dans notre marine et dans nos ports. Après Waterloo, nous avions encore perdu des morceaux de notre domaine. A cette période violente succéda, au dix-neuvième siècle, une concurrence moins farouche, mais toujours vive, jusqu'au moment où les deux pays trouvèrent plus intelligent de s'entendre. L'accord par lequel, en 1904, la France renonçait à l'Égypte tandis que l'Angleterre renonçait au Maroc fut le modèle du genre. Sans doute quelques fonctionnaires du *Colonial Office* gardaient les vieilles traditions de méfiance et d'hostilité à l'égard de la France. On l'a vu il n'y a pas bien longtemps en Syrie. Dans l'ensemble, la rivalité avait pris fin.

L'Angleterre et l'Empire Britannique

Nous en sommes à la phase nouvelle, que les Anglais, il faut bien le dire, commencent seulement à comprendre car ils étaient profondément incrédules quand on la leur annonçait. Il s'agit aujourd'hui, pour les puissances qui ont des empires coloniaux, et dont les principales sont la France et l'Angleterre, de garder ce qu'elles ont parce qu'elles sont menacées dans leurs possessions d'Asie, comme elles le seront peut-être demain dans leurs possessions d'Afrique, par des forces et des courants qui tendent à bouleverser le monde. Mais aussi, quand on a des millions et des millions de sujets jaunes et noirs, quelle étrange idée que de proclamer le droit des peuples à disposer d'eux-mêmes !

La France et l'Angleterre n'ont plus qu'une chose à faire : c'est de concerter et d'unir leur action pour garder leurs colonies asiatiques et africaines. Leurs gouvernements doivent savoir qu'en beaucoup d'endroits les empires coloniaux sont considérés comme condamnés à disparaître. Certains pouvoirs temporels et certains pouvoirs spirituels qui n'ont rien de commun avec Moscou ni avec le bolchevisme sont arrivés à cette conviction. Des Allemands plus malins que les autres disent même : « Gardons-nous de revendiquer nos anciennes colonies. Soyons plutôt désintéressés dans la question pour causer des ennuis à la France et à l'Angleterre et, à la Commission des mandats de Genève, contrôler leur gestion. » Vous verrez que l'Allemagne prendra un jour la défense des populations opprimées !

La Liberté, *4 juin 1927*.

Chapitre 42

La vendetta irlandaise

La Liberté, *12 juillet 1927*.

LORSQUE « l'Irlande s'agitait pour avoir le *Home rule* et l'indépendance, lorsqu'elle empoisonnait la vie politique anglaise, il y avait, dans le royaume, qui s'appelait alors Royaume-Uni, des hommes sages ou sceptiques qui disaient : « Voulez-vous être débarrassées de ce fléau ? Accordez aux Irlandais ce qu'ils demandent. Laissez-les se gouverner eux-mêmes. Vous verrez ce qu'ils deviendront. » L'assassinat de O'Higgins semble donner raison à cette prophétie.

Récapitulons l'histoire irlandaise depuis quelques années. Le vieux parti nationaliste, assagi, comptait obtenir *le Home rule* par les moyens parlementaires. Vinrent les jeunes du *Sinn Fein,* qui reprirent la méthode de l'action directe. Pour eux, les nationalistes comme John Redmond étaient des badernes, sinon des traîtres. Le *Sinn Fein,* en 1921, arrache enfin à l'Angleterre le droit pour l'Irlande de disposer d'elle-même. Un traité est conclu entre le gouvernement britannique et l'État libre d'Irlande comme entre des égaux. Aussitôt une partie des Irlandais s'insurge contre ce traité qui garde encore un lien entre l'Angleterre et l'Irlande. Un parti de l'indépendance absolue se forme, celui des républicains, qui refusent le serment d'obligeance au roi George V. Et la guerre civile commence entre patriotes irlandais, naguère fraternellement unis dans le *Sinn Fein,* et devenus les uns partisans, les autres adversaires du traité.

Cette guerre civile a duré près de deux ans. La force est restée du côté des gouvernementaux ratificateurs du traité. Et l'assassinat d'O'Higgins est la suite de la répression impitoyable à laquelle ils se livrèrent contre leurs camarades de la veille. Rien de plus dramatique que l'histoire de O'Connor, ami intime de O'Higgins, que celui-ci, ministre de la justice, avait refusé de gracier et qui laissait tous ses biens à celui qui l'avait livré au peloton d'exécution. Les Walter Scott et les Alexandre Dumas de l'avenir trouveront là une matière admirable. Déjà Pierre Benoit leur a tracé la voie dans *la Chaussée des géants*. Ceux qui croient que la vie moderne est pauvre en aventures ne savent pas regarder autour d'eux.

Entre les O'Connor et les O'Higgins, il y a plus qu'une querelle des Montaigu et des Capulet, plus qu'une *vendetta* de famille. Le crime de Blackburn suit de près les élections générales, où les républicains, les partisans de l'indépendance, absolue ont obtenu autant de sièges que les gouvernementaux. Ceux-ci ne gardent le pouvoir qu'avec l'appui des travaillistes et de divers petits groupes. Leur situation est fragile. Et l'on se demande si la guerre civile ne va pas reprendre, si le signal n'en aura pas été donné par l'assassinat du vice-président de l'État libre.

Mais, chez les républicains eux-mêmes, il y a des extrémistes. Valera, qui traitait O'Higgins comme O'Higgins avait traité Redmond, a été maudit comme un modéré par miss Swiney, la sœur du célèbre maire de Cork, celui qui s'était laissé mourir de faim dans une prison anglaise. Le caractère irlandais, dans son acharnement, a des parties admirables et des parties funestes. S'ils continuent ainsi, ces Celtes incorrigibles dans leur esprit de clan s'extermineront et ils donneront raison aux Anglais flegmatiques qui attendent que l'expérience de l'Irlande libre soit finie.

La Liberté, *12 juillet 1927*.

Chapitre 43

Réapparition de Lloyd George

L'Action française, *23 novembre 1927*.

À ceux qui croient encore que les mœurs politiques de l'Angleterre valent mieux que les nôtres, on demandera ce qu'ils pensent de la campagne que M. Lloyd George mène en ce moment-ci. Une séance tumultueuse à la Chambre des Communes n'est rien à côté de cette démagogie grossière.

M. Lloyd George, qui a été un démagogue de la guerre comme il est aujourd'hui un démagogue de la paix, est un des principaux auteurs des traités de Versailles, Saint-Germain et autres banlieues. Ces traités ne portent pas seulement sa signature, mais sa marque. Ce qu'ils ont d'irrationnel vient en grande partie de lui. Des hommes qui regardaient l'unité allemande comme un fait acquis à l'histoire n'ont pas hésité à démembrer l'Allemagne à l'Est et à créer cet îlot de la Prusse orientale qui est un appel constant à la revanche. Un Allemand ne regrettait-il pas récemment devant notre confrère Fernand Neuray que la Prusse orientale n'eût pas été tout simplement donnée avec le reste à la Pologne parce que dans le Reich on n'y penserait plus ? Boutade ou paradoxe, peut-être, mais avec un fond de vérité.

Tels qu'ils ont été faits, avec le concours de M. Lloyd George, ces traités ont été défendus par lui. Il en a demandé jadis la ratification au Parlement britannique. Aujourd'hui, avide de reprendre le pouvoir, il proclame que ces traités sont mauvais, que les frontières de l'Europe sont injustes et absurdes et qu'une grande révision est nécessaire si l'on veut qu'une autre guerre soit évitée.

Il faut qu'un révisionniste de la première heure, M.

Garvin, lui réponde que la révision des traités ne pourrait être entreprise sans bouleverser de nouveau l'Europe et provoquer de nouveaux conflits. D'abord nul ne peut dire où les remaniements s'arrêteraient et quand les vaincus se diraient contents. Ensuite, il est sûr que les bénéficiaires protesteraient avec énergie et que plusieurs d'entre eux lutteraient jusqu'à la mort pour conserver ce qu'ils regardent comme leur possession légitime.

Qu'on révise comme le veut M. Lloyd George, et c'est la guerre par la résistance des États héritiers et successeurs. Qu'on ne révise pas du tout et c'est la guerre aussi, mais cette fois par la revanche des vaincus. Telle est l'alternative que M. Garvin présente à l'Europe. Elle n'est pas réjouissante. Il propose d'y échapper par une révision consentie à laquelle les États-Unis et la Russie prendraient part, les États-Unis qui n'ont pas ratifié les traités, la Russie sans laquelle ils ont été faits.

Le remède de M. Garvin n'est pas près d'être applicable car les États-Unis sont toujours absents de l'Europe et la Russie du monde. En tout cas, ce remède ressemble beaucoup à celui de M. Lloyd George, lequel est pire que le mal comme il a été démontré plus haut.

Ces campagnes de démagogie pacifiste en Angleterre auront en tout cas pour effet d'encourager en Europe les mécontents et les réclamants, comme d'inquiéter les possédants. C'est ainsi qu'on prépare les atmosphères belliqueuses. Mais, quand il y aura de nouveau la guerre, M. Lloyd George se retrouvera dans son élément et il promettra de pendre Hindenburg. Pauvres peuples ! Tristes comédies !

L'Action française, *23 novembre 1927.*

Chapitre 44

L'Angleterre et les sanctions

L'Action française, *23 janvier 1928*.

LE mémorandum que le gouvernement britannique vient d'adresser au « Comité de Sécurité » est rédigé assez prudemment pour ne pas rompre en visière avec les principes de la Société des Nations et avec le Covenant ou pacte constitutif de la Ligue. Il est toutefois, lu de près, assez clair pour révéler la pensée du cabinet de Londres.

Tout en ménageant les idées reçues à Genève, ce document maintient avec fermeté la thèse qui repousse pour l'Angleterre les engagements illimités. Un des arguments du mémorandum est que « les traités d'arbitrage n'ont en général d'autre sanction que l'opinion publique » : d'où il résulte que l'Angleterre n'est disposée à garantir de traités d'arbitrage que ceux qui auraient chance d'être approuvés par l'opinion, les autres étant condamnés à rester vains. D'où il résulte encore que la Grande-Bretagne exclut les pactes multilatéraux aussi bien que les Locarnos généralisés.

Une théorie spéciale du locarnisme transparaît même à travers cet exposé. On y lit que si l'Angleterre a donné sa garantie au pacte de Locarno c'est parce qu'elle suppose que les antagonistes d'hier n'ont pas envie de recommencer. Locarno est de la méthode expérimentale. L'Allemagne a su ce qu'il lui en avait coûté d'envahir la Belgique et la France. On peut raisonnablement penser qu'elle hésitera à s'y frotter de nouveau. Mais elle ne s'est pas essayée, par exemple, du côté de la Pologne. Là, le gouvernement britannique préfère s'abstenir. Il ne garantit, cela est dit sans ambages, que les traités entre peuples qui se sont déjà battus, non les traités entre peuples qui ont de nouvelles raisons de se battre.

Ni alliances particulières à l'ancienne mode, ni alliances universelles à la mode qu'on s'efforce de lancer ; pas de définition de l'agression, pour les raisons pratiques et excellentes qu'a déjà données sir Austen Chamberlain ; enfin « nécessité des réserves » dans les cas même où le gouvernement britannique prend des engagements : ces portes de sortie sont bien spécifiées.

Et si l'Angleterre refuse de se lier les mains et de signer un chèque en blanc, ce n'est pas seulement par tradition de splendide isolement ou d'égoïsme sacré. Les travaillistes ne se comporteraient sans doute pas autrement que les conservateurs. N'est-ce pas le *Daily Herald* qui vient de montrer que la question de la liberté des mers est celle qui s'oppose à la sanction du blocus, sanction que la flotte anglaise aurait pour mission d'appliquer ? Voilà le nœud du problème, le point « crucial ». Si le Sénat américain a désavoué Wilson c'est surtout parce que, sur la liberté des mers, Wilson avait cédé à Lloyd George. Si le président Coolidge annonce, après l'échec de la conférence pour la limitation des croiseurs, la construction d'une Armada, il faut comprendre cette nouvelle en ce sens qu'« une des plus grandes puissances navales du monde se dispose à déclarer qu'à l'avenir la Grande-Bretagne devra, comme tout autre pays, renoncer au droit de blocus, ou bien se battre pour le maintenir ».

L'Angleterre pourrait, à l'extrême rigueur, se battre afin de conserver l'arme du blocus pour sa défense personnelle. Il est improbable qu'elle entre en conflit avec les États-Unis pour garder cette sanction à l'usage de la Société des Nations et au bénéfice des autres pays.

L'Action française, *23 janvier 1928*.

Chapitre 45

Film interdit

La Liberté, *23 février 1928*

À la demande de l'ambassadeur d'Allemagne, le gouvernement britannique a fait interdire par la censure le film de Miss Cavell. La presse allemande avait longuement protesté contre ce film, surtout la presse allemande de gauche, qui s'était déjà plainte des monuments élevés en Belgique à la mémoire des civils fusillés à Vingtré et ailleurs. Au nom de Locarno et de l'esprit de Locarno, les républicains allemands demandent qu'on oublie miss Cavell. Ils demandent, en somme, qu'on oublie la guerre.

C'est justement le sens de cette affaire de film. Se réconcilie-t-on avec l'Allemagne ? Alors, l'Allemagne exige, non sans quelque raison, qu'on ne lui jette plus ses crimes à la face. Et la réconciliation tend à la réhabilitation. On ne serre pas la main des criminels. On ne les invite pas à déjeuner.

Tout cela est très logique. Et la suite ne l'est pas moins. Comme il a été crié, en vers et en prose, et par les mille voix de la renommée, pendant soixante mois au moins, - de juillet 1914 à juin 1919, signature du traité de paix qui devait mettre Guillaume II et Hindenburg en accusation, - que la guerre voulue par l'Allemagne était, à elle seule, un crime, c'est sur la guerre elle-même qu'il faut passer l'éponge. La guerre n'est plus qu'un fâcheux accident, une erreur. Et même, c'est par ses beaux côtés qu'il faut la prendre pour n'en retenir que le souvenir de rencontres chevaleresques sur les champs de bataille où, des deux côtés, on a déployé des prodiges de valeur. N'en parlons plus ! Ou bien, si l'on en parle, que ce soit pour dire : « Épopée », et non plus :

« Brigandage ».

Cependant, de cette concession aux agresseurs de 1914, de cet oubli, de cet abandon de l'« idéal moral » sur lequel les démocraties occidentales fondaient la « guerre du droit », résultent des conséquences importantes, qu'on n'a pas l'air d'apercevoir et qui n'ont pas fini de se dérouler.

Le drame de miss Cavell est une des nombreuses atrocités qui, dénoncées à la conscience humaine, avaient servi à justifier les rigueurs du traité de Versailles. Aujourd'hui, on interdit le film de miss Cavell, mais le traité de Versailles reste. Le traité, croyez-le, gêne l'Allemagne beaucoup plus que le film. Mais quand les souvenirs de la guerre seront bannis, quand ils seront devenus malséants et considérés comme incompatibles avec le rapprochement des peuples, est-ce que le traité de Versailles ne devra pas lui-même disparaître au nom du même principe ? Est-ce qu'il n'a pas été établi sur l'idée du châtiment et de l'expiation ? Est-ce qu'il ne perpétue pas la haine ? Attention : l'Allemagne ne manquera pas de déduire tout ce que l'interdiction d'un simple film est capable de signifier.

Les démocraties occidentales, en renonçant à la justification de la « guerre du droit » et à l'esprit, peu locarnien, du traité qui l'a terminée, savent-elles que, désormais, il ne demeurera plus que des raisons politiques pour expliquer cette guerre et ce traité ? Se doutent-elles que les accusations de barbarie lancées contre l'Allemagne n'apparaîtront plus dans l'histoire que comme des excitations hypocrites ? Les Allemands ne manqueront pas d'exploiter ce qu'ils appelleront un aveu. Sans compter que si l'oubli et le pardon du passé favorisent le rapprochement des peuples, c'est également le moyen d'endormir ceux qui déjà, avant 1914, niaient que la nation allemande fût capable de troubler la paix, ceux dont le refus de croire au danger a été peut-être l'élément principal de la confiance des Allemands dans une facile et rapide victoire.

La Liberté, *23 février 1928*.

Chapitre 46

L'Angleterre et l'Égypte

L'Action française, *3 mai 1928*.

MAÎTRESSE du Soudan, maîtresse de la mer, l'Angleterre tient l'Égypte à sa discrétion. Toutes les velléités d'indépendance, au-delà des limites que le gouvernement britannique a lui-même fixées par sa déclaration de 1922, se heurtent à cette double raison majeure. Et Nahas pacha vient de retirer sa loi sur les réunions publiques à laquelle s'opposait le cabinet de Londres au nom de l'ordre intérieur et de la protection des étrangers dont il a pris la responsabilité.

Entre l'Angleterre et l'Égypte, c'est une question de force. Et la force est trop visiblement d'un côté. Le nouvel incident s'est réglé comme les autres par une soumission qui est sans doute à terme, mais reportée indéfiniment.

On a dit que les Anglais étaient tout prêts à saisir les douanes égyptiennes, c'est-à-dire à couper les vivres à Nahas pacha, si celui-ci s'obstinait. On a également fait observer que l'Égypte aurait pu répondre par le boycottage des marchandises anglaises, coup qui n'eût pas été moins rude pour Manchester, Liverpool et Birmingham. L'arme économique est toujours à deux tranchants. Elle blesse ceux qui s'en servent. C'est pourquoi elle n'est pas aussi infaillible qu'on le croit.

Napoléon espérait qu'il mettrait l'Angleterre à genoux par le Blocus continental. C'est lui qui a succombé. Tant que l'Angleterre aura la faculté de bombarder Alexandrie et tiendra la clef du Soudan, le nationalisme égyptien n'aura qu'à s'incliner et ses révoltes seront vaines.

Cependant notre situation reste excellente. Nous avons en Égypte de grands intérêts matériels et moraux. Les uns et les autres gagnent à coup sûr chaque fois qu'il y a conflit entre les occupants et les occupés. Comme le conflit ne manque jamais de tourner à l'avantage des occupants, les affaires auxquelles participent tant de Français et de capitaux français en profitent. Et la rancune des nationalistes égyptiens contre l'Angleterre développe les sympathies pour la France. Il n'y a pas tant de lieux dans le monde où les autres travaillent pour nous et même, comme sir Lee Stack, sont assassinés au lieu que ce soit Kléber. Pour une fois que nous récoltons sans peine, le cas est à signaler.

L'Action française, *3 mai 1928*.

Chapitre 47

Remarques quotidiennes

La Liberté, *27 juillet 1928*

L'ANGLETERRE peut-elle vivre éternellement avec un million deux cent mille chômeurs ? Peut-elle, aux dépens du budget, du contribuable, c'est-à-dire, à la longue, aux dépens de la fortune nationale elle-même, faire vivre d'allocations des foules de sans-travail qui deviennent des rentiers ? On a, certes, signalé des abus, des cas d'assistés qui, ayant pris l'habitude du *farniente,* ne cherchaient même plus de travail ou refusaient celui qui se présentait. On en a vu d'autres qui venaient se prélasser en France avec leur rente en livres sterling. Il n'en est pas moins vrai que le problème existe et qu'il est grave pour la Grande-Bretagne.

Ce problème, c'est celui du rapport de la population aux moyens de subsistance. Voilà pourquoi on reparle de Malthus, qui n'était pas l'homme immoral qu'on a dit, mais un économiste et un statisticien. De ses observations, il a été tiré plus tard des déductions qu'il eût repoussées avec horreur. Malthus, Anglais, et qui raisonnait pour son pays, avait, en somme, prévu, un siècle d'avance, ce qui arrive maintenant. Il avait assisté à la grande transformation de l'Angleterre, passée de l'état agricole, maritime et commerçant à l'état industriel, et dont la population s'accroissait avec une telle rapidité qu'elle a sextuplée en cent ans. Comment nourrirez-vous tout ce monde-là ? disait Malthus. C'est justement ce qu'on se demande aujourd'hui.

M. Ramsay Mac Donald a interrogé à ce sujet M. Baldwin. Bien entendu, il rend le gouvernement conservateur responsable du chômage. Et le remède socialiste serait un joli remède ! D'ailleurs, M. Mac Donald n'en a pas. Il fait des discours. Il fait de l'opposition. Il promet plus de beurre que de pain. En dernier recours, il recommande aux Anglais de ne pas avoir trop d'enfants. Ce qui revient à dire que les Iles britanniques sont trop peuplées, ce qu'on savait déjà.

L'Angleterre produit de quoi assurer sa nourriture trois jours sur sept seulement. Le reste du temps, il faut qu'elle achète au dehors son corned-beef et ses pommes de terre, et elle les paie avec le produit de son travail. Très longtemps, elle a supporté cette charge sans même s'en apercevoir. Le charbon assurait sa prospérité. Et déjà, c'était le charbon qui, après les guerres napoléoniennes, lui avait rendu légère une dette que les financiers du temps jugeaient écrasante et excessive. Mais tout change, tout passe, on ne se baigne pas deux fois dans le même fleuve. Le charbon anglais n'est plus roi.

Tout cela est bien connu et l'on trouvera des détails du plus vif intérêt dans l'enquête que M. Henry de Korab vient de publier sous ce titre : la *Clef de l'énigme anglaise,* et qui tombe juste à point pour éclairer l'intervention de M. Mac Donald. Le seul moyen de salut que vise l'Angleterre, c'est l'émigration. Il faut déverser le trop-plein de la population quelque part. Où ? C'est une autre affaire, étant donné surtout que les États-Unis ont cessé de s'ouvrir comme par le passé à la main-d'œuvre étrangère, et que les Dominions ne tiennent pas non plus à être envahis.

La morale de cette histoire, c'est qu'un pays qui renonce à l'agriculture pour s'adonner presque entièrement à l'industrie mène une vie dangereuse. C'est très joli de transformer les champs de blé en prairies et en parcs. Mais, jusqu'à ce qu'on puisse s'alimenter de boulettes chimiques (et les vitamines !), il faudra des légumes et du pain. L'Angleterre souffre des excès de la civilisation industrielle. L'Allemagne aussi. Prenons garde de suivre leur exemple, car chez nous la tendance apparaît déjà.

Chapitre 48

Le soldat de l'Angleterre et le marin de la France

L'Action française, *2 août 1928*.

LE cardinal de Richelieu disait des Anglais, qu'à la vérité il n'aimait guère : « Ils se portent toujours au contraire de ce qu'on leur demande et ne veulent jamais ce qu'on leur propose. »

Il y a d'ordinaire, dans ces sortes de maximes, de définitions et de boutades, une part d'exactitude et une grosse part d'exagération. Les Anglais, dans les négociations, ne font pas toujours et comme par système, le contraire de ce qu'on voudrait qu'ils fissent et, ce qu'on leur propose, ils l'acceptent quelquefois. D'ailleurs, ils ont une grande qualité. C'est que, sachant, pour leur part, dire no, ils admettent très bien que nous leur disions *non*.

Un accord franco-anglais sur la limitation des armements est annoncé aujourd'hui. Les termes de cet accord ne seront connus qu'après communication aux autres gouvernements. On ne peut donc en mesurer encore la portée. Et il n'y a pas lieu non plus d'entonner un hymne de gloire, car l'expérience a dû apprendre qu'il fallait le plus souvent rabattre les trois quarts de ce genre de succès.

Cependant, il est toujours bon et agréable que la France et l'Angleterre s'entendent sur quelque chose, car il y a très longtemps qu'on l'a dit : l'union de la France et de l'Angleterre, c'est la paix de l'Europe. Il n'y a donc pas de pays qui puissent causer plus utilement de limiter leurs armements.

Entre deux peuples qui n'ont plus, depuis longtemps, d'intérêts vitaux contraires, entre lesquels un conflit et à plus forte raison une guerre, ne se conçoivent même pas, qu'est-ce qu'un accord de ce genre peut signifier ? Il ne s'agit pas, il ne peut pas s'agir de dissoudre purement et simplement armées et flottes. Par conséquent la France et l'Angleterre, en limitant leurs forces militaires, tendent naturellement à les adapter.

De sorte que cet accord pourrait bien, à la fin, ressembler à une convention d'états-majors.

*
* *

Au fond, nous avons intérêt à la puissance navale des Anglais, et les Anglais ont intérêt à la solidité de notre armée. Les Allemands n'ont-ils pas assez dit que nous étions les soldats de l'Angleterre ? Les Anglais sont devenus un peu nos marins. Nous les avons trouvés en 1914 pour garder la Manche et il ne faut pas oublier qu'ils n'avaient pas attendu l'invasion de la Belgique pour tenir envers nous leurs engagements maritimes. Aujourd'hui encore, qui assure la police des Océans, qui protège le libre passage du canal de Suez, qui maintient la paisible possession des colonies, sinon la Royal Navy dont nos escadres ne sont que de très modestes auxiliaires ? Jamais à nous seuls nous ne pourrions défendre nos voies de communication avec un empire colonial vaste et riche, par conséquent tentant et objet de convoitise, et qui est disséminé aux quatre coins du monde.

Réciproquement, si la France n'est pas en mesure d'assurer la paix sur le continent, qui empêchera une puissance ambitieuse de jouer un grand rôle maritime de braquer au cœur de la Grande-Bretagne non pas seulement le pistolet d'Anvers, mais celui de Calais et celui de Boulogne et celui de Cherbourg ?

Les intérêts de l'Angleterre et de la France sont donc complémentaires. Et l'on ne comprenait pas très bien que, naguère, les experts anglais voulussent nous interdire des submersibles qui n'étaient pas dirigés contre l'Amirauté britannique. Tout cela est heureusement fini et la mission du nouvel ambassadeur de Grande-Bretagne à Paris, sir William Tyrrell, commence ainsi sous les plus heureux auspices.

On se demande uniquement si, entre pays qui n'ont pas autant d'intérêts communs que la France et l'Angleterre, les accords sur les armements donneront des résultats aussi heureux.

L'Action française, *2 août 1928*.

Chapitre 49

La maladie de George V

La Liberté, *1ᵉʳ décembre 1928*.

LA sollicitude de l'Angleterre pour son roi malade et aujourd'hui en voie de guérison a quelque chose de touchant et de frappant. Jadis, la France n'était pas plus inquiète pour les jours du Bien-Aimé pendant la fièvre typhoïde qui avait mis en péril la jeunesse de Louis XV. Une foule où les casquettes sont aussi nombreuses que les chapeaux se presse devant le palais de Buckingham pour attendre le bulletin des médecins. Depuis 1688, on peut dire que le peuple anglais ne fait qu'un avec sa dynastie.

Taine a défini l'Angleterre un pays où un juge en perruque du dix-septième siècle applique des lois socialistes. Les Anglais, qui du reste n'ont pas de constitution, respectent l'usage sans en être les prisonniers. Ils ont le sens de la tradition. Mais leur fidélité à la monarchie n'est pas seulement traditionnelle. Ils ont aussi le sens monarchique. Lorsqu'ils se séparèrent des Stuarts, ce ne fut pas sans déchirement. « Cruelle nécessité, » murmurait Cromwell, devant le cadavre de Charles 1ᵉʳ, et c'est un mot que n'auraient prononcé ni Robespierre, ni Danton, ni même Vergniaud devant le corps de Louis XVI. Et, pendant un siècle et demi, malgré la substitution, les Stuarts ont gardé des fidèles. D'autres pays qui passaient ou qui passent même encore pour loyalistes avant tout ont laissé tomber leurs rois et leurs empereurs avec une indifférence incroyable. Les Habsbourg n'auront pas eu leurs jacobites ni les Romanof leurs Vendéens.

On dira que le grand souvenir de la reine Victoria, que celui d'Édouard VII planent encore sur la monarchie anglaise et que George V les continue dignement. Mais il y eut une époque qui ne remonte pas à beaucoup plus d'un siècle où des souverains assez scandaleux se succédaient sur le trône d'Angleterre sans que la fidélité ni la foi fussent ébranlées. Être républicain en Angleterre n'est pas seulement une originalité. C'est une opinion déplacée.

Le roi est au-dessus des discussions comme il est lui-même au-dessus des partis. George V a très bien compris son rôle historique. Quand Ramsay Mac Donald est devenu premier ministre avec une équipe travailliste, le roi a reçu ces messieurs du Labour Party avec les mêmes égards que s'ils eussent été des lords des plus vieilles familles du royaume. Et puis, le roi d'Angleterre est le lien symbolique et vivant qui unit les diverses parties de la communauté britannique. La couronne seule rattache à la mère patrie les Dominions d'au-delà des mers. Le service que sa dynastie lui rend à cet égard, le peuple anglais le connaît et le sent.

La France joint ses vœux aux siens pour la santé de George V. Elle n'oublie pas que, dans le grand drame européen, il a exprimé et réalisé la pensée d'Édouard VII Elle n'oublie pas non plus qu'entre autres choses il avait fait le sacrifice, certainement pénible, de changer son nom de famille et de prendre celui, tout nouveau, de Windsor, pour rompre, si lointaines fussent-elles, avec les attaches allemandes de sa maison. Souhaitons guérison et longue vie au roi George V.

La Liberté, *1er décembre 1928*.

Chapitre 50

Un penseur

L'Action française, *12 décembre 1928*.

IL y avait lundi, à la Cour de cassation, une brillante et riche assistance pour entendre M. Ramsay Mac Donald. Nous avons pourtant peine à oublier que le chef du parti travailliste, il n'y a pas plus de quinze jours, attaquait, de concert avec David Lloyd George, le cabinet Baldwin coupable de mettre sa politique extérieure en harmonie avec celle de la France.

Sans doute, M. Ramsay Mac Donald a fait effort pour dire quelques paroles aimables à l'adresse de notre pays. Il a rappelé qu'il était Écossais et qu'en Écosse tout le monde avait gardé le souvenir de la « vieille alliance ». Mais ces temps sont loin, et si M. Mac Donald était né quatre siècles plus tôt, il n'eût été ni du parti de Marie de Guise ni du parti de Marie Stuart, mais du parti de Knox, car il est difficile de ne pas reconnaître chez lui l'esprit religionnaire.

C'est cet esprit qu'on trouve au fond de son socialisme et dans son homélie à la Cour de cassation.

Le chef du Labour Party, nous n'en disconvenons pas, parle un langage plus idéaliste et plus mystique que celui de M. Renaudel. Il ne dit pas brutalement qu'il faut prendre l'argent où il est, de sorte qu'on peut l'entendre avec des colliers de perles et des fourrures. Il sait aussi parler de son cœur et se servir du vocabulaire puritain. Mais le fond de ses idées n'est pas plus solide et l'exposé de son programme fait pitié.

Un vieux préjugé, une anglomanie antique, veulent

que le travaillisme soit plus sage, plus raisonnable, plus pratique que le socialisme français. Préférence qui ne repose sur rien. Il y a longtemps que la bonne réputation des Trade Unions s'est envolée. Des gens qu'épouvantait chez nous le nom de syndicat levaient au ciel des yeux admiratifs quand ils en prononçaient l'équivalent en langue anglaise. Il est apparu depuis longtemps que les Trade Unions n'étaient plus que les instruments de la politique socialiste et que la décadence de l'industrie anglaise était due pour une large part aux organisateurs de grèves qui en ont la direction.

Le tissu de propos obscurs et contradictoires qu'a étalé M. Ramsay Mac Donald n'en a pas moins été écouté avec recueillement. C'était du Jaurès un peu plus presbytérien. M. Mac Donald prêche un socialisme qui ne serait ni bolcheviste ni bureaucratique. Il a oublié d'en donner la formule et même la simple définition. « Misère de la philosophie. »

Cependant, l'attention du bel auditoire parisien rappelait ce grand seigneur qui, à Versailles, se vantait d'être allé en Angleterre pour y apprendre à penser. – « Des chevaux ? », répondit Louis XV.

L'Action française, *12 décembre 1928.*

Chapitre 51

Manchester contre le tunnel

La Liberté, *13 mars 1929.*

CETTE fois, on a cru que ça y était, que le fameux tunnel sous la Manche, après cinquante ans de projets et d'espoirs, deviendrait une réalité. Les objections et les répugnances faiblissaient en Angleterre. Il semblait même que le gouvernement britannique vît dans ce grand œuvre un remède aux plaies qu'il n'arrive pas à guérir et dont le chômage est la plus grande. Patatras ! Il semble bien que tout soit à recommencer.

La Chambre de Commerce de Manchester a délibéré sur le tunnel et elle a conclu qu'il était contraire aux intérêts anglais. Décision importante. Cette Chambre de Commerce n'est pas une Chambre de Commerce comme une autre, ni Manchester une ville comme une autre. Qui dit « manchestérien » dit liberté économique, laissez-faire et laissez-passer de tout, des idées comme des marchandises. C'est Lobden et c'est le coton qui se dressent aujourd'hui contre une voie de grande communication entre les hommes.

On ne peut pas dire que les membres de la Chambre de Commerce de Manchester soient inspirés par des considérations de défense militaire et de sécurité nationale. Ce n'est pas le point de vue auquel on a l'habitude de se placer dans la cité cotonnière. Alors il faut chercher autre chose. Et ce qu'on trouve, au fond, c'est que l'Angleterre ne veut pas cesser d'être une île, moins pour des raisons traditionnelles ou sentimentales que pour des raisons pratiques.

L'Angleterre et l'Empire Britannique

Et la plus forte de ces raisons pratiques c'est que, le jour où l'Angleterre serait reliée au continent, sa marine cesserait d'être ce qu'elle est, le métier de marin lui-même cesserait d'être le métier essentiel. L'Angleterre a eu besoin, parce qu'elle était une île, de rayonner sur les mers. Toute sa vie s'est organisée là-dessus. Ce qui diminuerait le besoin affaiblirait l'organe, et l'organe est devenu essentiel. L'intensité de la navigation dans la Manche entretient l'activité de la navigation jusque dans l'Océan Indien et les mers de Chine. Les navires qui vont à Calais multiplient ceux qui vont jusqu'à Shanghaï. À quoi bon dériver le trafic, et les habitudes, vers les voies ferrées continentales ?

Il faut compter en outre que l'industrie maritime est une des principales industries de l'Angleterre, celle qui assure sa subsistance sous toutes les formes, celle qui lui procure les plus gros bénéfices. À ne regarder que la balance commerciale, l'Angleterre irait à la ruine. Pour l'année dernière, le déficit des exportations a été de cinquante milliards de nos francs ! Somme colossale, perte annuelle épuisante. L'Angleterre n'y résisterait pas si, roulier des mers, les frets ne lui apportaient de larges compensations.

On comprend qu'elle hésite à déranger cette grande machine qui pour elle est vitale et le tunnel sous la Manche ouvrirait la possibilité d'un dérangement. Aussi n'est-ce peut-être pas encore demain qu'on pourra, sans changer de voiture, aller de Londres à Paris, parce que ce serait bientôt aller de Londres à Calcutta et, un jour, par le tunnel de Gibraltar, de Londres au Cap, sans descendre de wagon.

La Liberté, *13 mars 1929.*

Chapitre 52

Les Anglais et la sagesse

L'Action française, *1er avril 1929.*

M. Baldwin a décidé de dissoudre le Parlement et des élections générales auront lieu en Angleterre à la fin du mois de mai. Que donneront-elles ?

Rien de bien fameux pour les conservateurs, si l'on s'en rapporte aux consultations partielles qui se sont succédé depuis quelques mois. Tout au plus peuvent-ils compter sur un retour avec majorité réduite. Dans les circonscriptions, le nombre de leurs électeurs a baissé et, comme il y aura presque partout trois candidats, il suffira, d'après le système anglais, de très petites différences pour faire passer ici un travailliste et là un libéral.

Car M. Ramsay Mac Donald et M. Lloyd George annoncent tous les deux qu'ils possèdent la recette merveilleuse et qu'ils guériront tous les maux de l'Angleterre. M. Ramsay Mac Donald nationalisera les banques et l'industrie sous prétexte de ranimer l'activité. M. Lloyd George, pour employer les chômeurs, ouvrira des ateliers nationaux et il mettra les mineurs à fabriquer des objets de précision.

Il n'est pas sûr que les électeurs anglais soient plus que les autres vaccinés contre le charlatanisme et la démagogie. « Qui sait, disait Voltaire, ce qui peut naître dans ces têtes mélancoliques ? » La sagesse du peuple anglais est sujette à caution et ses institutions sont un peu moins admirées qu'autrefois.

Elles sont principalement destinées au contrôle du

gouvernement. On a donc, pendant très longtemps, fait l'éloge du mécanisme qui, en portant alternativement les partis au pouvoir, prévenait les abus, la routine et permettait même aux vaincus de reprendre vigueur et jeunesse dans l'opposition. Peut-être, en effet, cet aller et retour n'a-t-il pas donné de trop mauvais résultats dans des temps calmes, ou peu critiques, et quand la machine était aux mains d'une aristocratie, quand Macaulay faisait observer que les idées des tories passaient souvent chez les whigs et réciproquement. Mais de nos jours, avec le suffrage universel des deux sexes et sans « bourgs pourris » ?

Que l'Angleterre ait des plaies, nul n'en disconvient. Elle en a une de plus que l'Égypte. Car, à toutes ses difficultés s'ajoute celle qui consiste à remettre en question, toutes les quatre ou cinq années, ce qui a été entrepris pour la guérison.

Depuis qu'ils ont repris les affaires en main, les conservateurs de là-bas n'ont pas mal administré. La preuve en est que le budget de cet exercice est en excédent alors que Philip Snowden avait légué un déficit. Avec le programme de M. Baldwin, le chômage pourrait reculer. Laisse-t-on à cette expérience le temps de se poursuivre ? Pas du tout. On l'abandonnera, s'il plaît aux impatients d'en essayer une autre.

En somme les institutions anglaises reposent sur la méfiance à l'égard du gouvernement, ce qui est bon quand les gouvernements sont mauvais et mauvais quand les gouvernements sont bons. Car les Anglais non plus ne possèdent pas le don salutaire qui leur permettrait, par un discernement infaillible, de préférer leur bien à leur mal.

L'Action française, *1er avril 1929*.

Chapitre 53

Les Travaillistes et le chômage

L'Action française, *9 juin 1929*.

On a beaucoup dit que les conservateurs anglais avaient été battus parce qu'ils n'avaient pas de programme. M. Mac Donald et M. Lloyd George avaient chacun un plan pour combattre le chômage, comme le général Trochu en avait un pour délivrer Paris. M. Baldwin n'en avait pas.

C'était peut-être honnêteté de sa part. Qu'y a-t-il à faire contre le chômage ? M. Lloyd George propose de construire des routes pour occuper les sans-travail. Mais les routes du royaume sont excellentes, lui a-t-on répondu. Et on lui a demandé encore s'il comptait transformer en terrassiers des ouvriers d'art et de précision. Son système, on l'a d'ailleurs tout de suite dit, c'est celui des ateliers nationaux qui s'était terminé en France par la révolte des journées de juin.

M. Mac Donald, pour faire quelque chose, devra bien en venir à une tentative du même genre, et c'est vers les travaux publics qu'on essaiera de tourner les chômeurs. Encore faudra-t-il que les chômeurs y consentent. Mais ce qui est remarquable, c'est la faveur que cette idée rencontre dans le monde de la finance. Le Stock Exchange est resté très ferme après les élections. L'arrivée des socialistes au pouvoir n'a pas effrayé la Cité de Londres. Au contraire, on dit que les banquiers se réjouissent parce que de grands travaux publics ce sont des emprunts, et que des emprunts c'est une aubaine pour les intermédiaires. Après comme après, et tant pis si les emprunts, une fois émis, se traînent à des cours de misère. Il y aura longtemps que les banques les auront passés à la clientèle. Ainsi la finance peut toujours faire ses affaires, même avec le socialisme.

À quoi tient donc le chômage anglais ? En quoi le problème consiste-t-il ? C'est ce qu'il faudrait se demander et savoir avant d'essayer de le résoudre.

Nous ne savons pas quelle explication M. Mac Donald se donne à lui-même de ce phénomène ruineux ni s'il cherche à s'en donner une, mais il est certain que les Anglais ont beaucoup varié. Longtemps ils ont attribué leur crise à la crise européenne, et c'est pourquoi ils ont travaillé à la fameuse reconstruction économique de l'Europe. Quand l'Allemagne et la Russie (sans compter le reste) seraient remises sur pied, l'industrie anglaise devait retrouver des clients. L'Europe a été reconstruite et il y a toujours des chômeurs.

D'ailleurs, pour vendre des marchandises anglaises aux bolcheviks, il faudrait commencer par leur prêter de l'argent anglais. Grand bien fasse aux prêteurs qui, de même que pour les emprunts nationaux du Labour Party, ne prêteront sans doute que l'argent des autres. Mais socialisme ou communisme ont encore besoin du capital, ils ne pourront pas se passer du capitalisme, et c'est ce qu'il faut noter, même quand on l'a remarqué bien des fois.

Les Anglais ont cru aussi pendant longtemps que les autres pays et notamment la France leur faisaient une concurrence déloyale grâce à leur monnaie dépréciée, étant donné que la livre sterling était restée au pair. Aussi n'ont-ils eu de cesse que l'Europe entière fût revenue à l'étalon-or. C'est fait aujourd'hui. Les monnaies sont stabilisées et pourtant le chômage dure toujours en Angleterre.

Les Anglais ont cru encore que les paiements en nature de l'Allemagne au titre des réparations nuisaient à leur commerce. Mais les industriels français faisaient également la grimace. Que les Allemands paient avec des marchandises ou avec le produit de la vente de leurs marchandises, ce sera toujours la même chose. Et si l'on veut que l'Allemagne se relève, si même on veut qu'elle paie, il faut s'attendre à la retrouver comme concurrente sur les marchés, ce qui était le cas avant 1914.

Alors toutes les explications qui ont été en honneur étant écartées, pourquoi donc l'Angleterre a-t-elle tant de chômeurs ? M. de la Palice dirait : parce qu'elle a plus de bras qu'elle ne peut en employer. La population anglaise (o Malthus !) est devenue trop nombreuse. Que faire de l'excédent ? Émigrer ? Où cela ? Les pays qui recevaient naguère le surplus de la population européenne se ferment. Les États-Unis estiment qu'ils ont leur plein et « contingentent » les entrées. L'exutoire est fermé.

D'ailleurs, pourquoi les chômeurs émigreraient-ils ? Ils ont des rentes dans leur pays. Les conservateurs les nourrissaient aux frais du Trésor et ce ne sont pas les socialistes qui supprimeront les allocations. Alors ?

Mais on constate autre chose. S'il y a des chômeurs, c'est parce que des industries chôment. Il y en a même qui ferment. Et elles ferment parce qu'elles ont cessé d'être productives. On a donné ces jours-ci le rendement de certains districts miniers d'Angleterre. Il en est qui sont en déficit. L'un d'eux en quatre mois, a donné un bénéfice dérisoire de 193 livres. Autant mettre la clef sur la porte. C'est ce que beaucoup d'industriels font.

Comment M. Mac Donald remédiera-t-il à cela ? Il nationalisera les mines et le reste. Alors le Trésor, au lieu de nourrir les chômeurs, alimentera l'industrie elle-même, ce qui sera encore plus coûteux.

Le Labour Party a pourtant sous la main un moyen de

soulager l'Angleterre. Un peu d'inflation, à la mode socialiste, et une soupape sera ouverte. La livre sterling baissera. Alors l'industrie anglaise connaîtra le stimulant qu'ont connu tous les pays à monnaie dépréciée.

Excitation artificielle, mais il en serait comme pour les emprunts dont nous parlions tout à l'heure : après comme après, cela fait toujours passer un an ou deux.

Au fond les Anglais veulent une monnaie pure, une industrie active, des salaires élevés et du socialisme. Il est inévitable que Ramsay Mac Donald se casse les reins à vouloir concilier tout cela.

L'Action française, *9 juin 1929*.

Chapitre 54

L'élu des jeunes filles

L'Action française, *12 juin 1929*.

DEPUIS les élections qui, sans lui donner la majorité dans le pays ni dans la Chambre, l'ont porté au pouvoir par le jeu des institutions parlementaires, respectées comme les règles d'un football, M. Ramsay Mac Donald s'est épanché auprès de divers journaux socialistes du continent naturellement enthousiasmés. Les plus curieuses de ses déclarations sont celles qu'il a réservées au Vorwoerts.

Avec netteté, et aussi avec chaleur, M. Ramsay Mac Donald attribue aux jeunes électrices le succès du Labour Party. On sait que le cabinet conservateur avait étendu le droit de suffrage à toutes les femmes qui, naguère, ne votaient qu'à partir de trente ans. Serait-ce une des causes de sa défaite ? M. MacDonald le pense. Il possède la certitude que les jeunes filles ont voté pour le Labour.

Il a même fait à ce sujet de curieuses remarques. Jadis, a-t-il dit, les demoiselles ne pensaient qu'au mariage. Aujourd'hui, elles sont pénétrées de leurs devoirs sociaux. Elles ne sont pas seulement mieux habillées. Elles n'ont pas seulement une vie intellectuelle plus intense.

Elles sont « conscientes d'elles-mêmes », avec un sentiment d'indépendance que leurs frères ne possèdent pas. Vierges fortes, elles ne sont pas tenues par ces traditions de famille qui font qu'un Anglais naît et meurt conservateur ou libéral. Elles ont secoué ces chaînes et, jusque dans l'aristocratie, plus d'une s'est ralliée au socialisme.

M, Ramsay Mac Donald est un peu injuste pour ces

jeunes aristocrates comme sir Oswald Mosley, gendre de lord Curzon, pour ces fils de grands bourgeois comme Olivier Baldwin, propre héritier de l'ex-premier ministre, qui grossirent le groupe travailliste et qui ne lui apportent pas peu de respectabilité. Mais, dans l'ensemble, il a raison. Les jeunes aristocrates et les grands bourgeois qu'il a enrôlés sont eux-mêmes un peu jeunes filles. Et sans être virginal, car il est conduit par de vieux routiers de la démagogie, le socialisme représente très bien l'oiseau bleu.

C'est vrai, d'ailleurs, qu'il y a en Angleterre plus d'électrices que d'électeurs. Il y a donc plus de femmes qu'il ne peut y avoir de maris et, pour les délaissées, le socialisme est un époux idéal et un consolateur. Il a pour lui l'amertume des vieilles filles et la rêverie des autres.

Peut-être est-ce aussi la marque qu'il porte. Les solutions que M. Mac Donald propose aux problèmes de son pays et de son temps ont un ton romance et riment richement avec amour. C'est une politique de jeune fille, ce qui ne veut pas dire qu'elle finira dans la tendresse. Comment, demandait l'autre, l'adorable créature dont les mains frêles baisent le piano devient-elle si vite acariâtre et mégère ? Réponse : les réalités de tous les jours, le fourneau de cuisine et les bas à repriser.

L'Action française, *12 juin 1929*.

Chapitre 55

La liberté des mers

Liberté, *15 octobre 1929*.

PRONONCEZ, dans le métro ou dans l'autobus, les mots : « Liberté des mers. » Vous ne ferez retourner la tête à personne. On ne dirait pas qu'il s'agit d'un principe qui a tellement tenu au cœur des Français d'autrefois qu'ils se sont dix fois battus pour le défendre. Le soldat inconnu de la Grande Armée auquel on a élevé hier un monument à Loubliana était un champion de la liberté des mers. Il était allé jusqu'en Illyrie, comme ses camarades étaient allés jusqu'à Moscou, pour faire triompher le blocus continental, réponse au blocus maritime des Anglais, ces « tyrans des mers ».

Mais les idées changent avec les situations. Nos vieux différends avec l'Angleterre ont pris fin. En 1914, elle était notre alliée contre l'Allemagne et nous avons trouvé que le droit de blocus qui devait affamer l'ennemi et le mettre à genoux était fort bon. Nous avons même trouvé que les Anglais ne l'appliquaient pas assez sérieusement et nous avons été indignés quand nous avons su par les révélations de l'amiral Consett que l'on n'avait pas toujours fait tout ce qu'il fallait, dans les îles britanniques, pour empêcher le ravitaillement de l'Allemagne.

Les Anglais, à leur tour, tiennent-ils, aujourd'hui, au droit de blocus, qui est, en somme, sur les océans, le droit du plus fort, autant qu'ils y tenaient jadis ? Il ne semble pas. M. Ramsay Mac Donald paraît disposé à de très grandes concessions envers les États-Unis qui, eux, sont restés des partisans déterminés de la liberté des mers pour laquelle ils avaient pris les armes, il y a cent et des années, se mettant dans le même camp que Napoléon. En cas de guerre, l'Angleterre renoncerait au droit de visite, à tout ce qui a fait couler tant d'encre et de sang. Mais les États-Unis, de leur côté, s'engageraient à ne pas ravitailler le pays qui aurait recours à la guerre et se serait mis en contravention avec le pacte Kellogg.

Ainsi c'est par les pactes Kellogg que serait résolue une des plus vieilles questions qui aient divisé les peuples et agité le monde. Et c'est fort satisfaisant, du moins en théorie. Car le diable, dans ces sortes d'affaires, c'est qu'on n'est jamais sûr d'être d'accord sur l'agresseur. En cas de conflit entre deux États, lequel aura contrevenu aux pactes Kellogg ? Ce ne sera peut-être pas si clair qu'on le pense, de loin, et quand le cas ne s'est pas présenté. Et d'ailleurs on se souvient des vaines controverses auxquelles a donné lieu la définition de l'agresseur.

On fera peut-être l'expérience de la liberté des mers jusqu'au jour où (qui sait ?) les États-Unis, devenus la plus forte puissance maritime du monde, trouveront que le droit de blocus a des charmes. Quant à nous, qui ne sommes plus depuis longtemps en rivalité avec les Anglais, nous pouvons nous dire qu'anciens possédants coloniaux comme eux, nos possessions suivront le sort des leurs et que le jour où l'Angleterre laissera décliner sa volonté avec ses forces navales, ce n'est pas par nos propres moyens que nous serons capables de conserver un domaine disséminé en Afrique, en Asie, en Océanie, jusque dans les eaux américaines et sur un rivage américain.

La Liberté, *15 octobre 1929*.

Chapitre 56

Parabole hyperbolique

L'Action française, *8 novembre 1929.*

EN ce temps-là, le dernier vice-roi de l'Inde, réduit depuis plusieurs années au chômage, agonisait dans un hospice de Londres.

Le troisième ministère travailliste avait reconnu l'indépendance de toutes les possessions et protectorats britanniques. L'Inde, l'Égypte, l'Irak, Ceylan, Singapour avaient des gouvernements autonomes. On avait aboli les vieux traités avec la Chine, et les concessions européennes dans les grandes cités chinoises de négoce n'étaient plus qu'un souvenir. Les Antilles anglaises avaient été cédées aux États-Unis, les dernières troupes qui gardaient le canal de Suez retirées. Bien entendu, Chypre était à la Grèce, Malte à l'Italie et Gibraltar à l'Espagne.

D'ailleurs l'Inde était à feu et à sang, des guerres terribles ayant éclaté entre les religions et les races, et le dernier sioniste venait d'être massacré en Palestine. Sur l'Égypte, des mamelouks soviétiques régnaient comme en Géorgie.

Un à un, les marchés ordinaires du commerce britannique s'étaient fermés. Il n'y avait plus d'indigènes pour acheter des cotonnades. Les armateurs faisaient faillite. Le nombre des chômeurs était monté à sept millions. Il leur était alloué dix livres sterling par jour, la livre sterling ne valant plus que quelques fractions du dollar, et le chancelier de l'Échiquier venait d'annoncer que pour l'exercice prochain, il ne saurait où trouver des fonds, le produit de *l'income-tax* étant réduit à rien par la disparition des grandes fortunes et la ruine des classes moyennes.

Un chef socialiste de Liverpool, un ancien marin nommé Jack Tar, se leva alors pour demander des colonies. On lui fit observer qu'il n'y en avait plus à prendre dans le monde, la France ayant perdu l'Indochine. Madagascar, etc... depuis qu'on lui avait interdit de construire des sous-marins. Il n'était pas question de subjuguer de nouveau deux cents millions d'Hindous qui avaient pris définitivement conscience d'eux-mêmes. Quant à l'Afrique, des Républiques d'hommes noirs évolués s'y fondaient, avec la protection de l'Amérique, sur le modèle de la République de Libéria.

Alors Jack Tar, devenu aussi populaire que l'avait été quelques années plus tôt Philip Snowden, fit savoir qu'on l'avait mal compris et que les colonies naturelles de l'Angleterre étaient moins lointaines, qu'elles se trouvaient par exemple en Algérie, encore détenues indûment par la France. Il rappela aussi que, dans un temps où l'on ne connaissait pu l'Inde, l'Angleterre colonisait Calais et Bordeaux et qu'au surplus la richesse de l'ouvrier français, qui continuait à manger à peu près deux fois par jour, était un défi insolent à la misère du prolétaire britannique.

Nous ne prolongeons pas davantage une parabole dont le point de départ - l'indépendance de l'Inde en voie de s'accomplir par les soins du gouvernement travailliste - est cependant vrai.

L'Action française, *8 novembre 1929.*

Chapitre 57

Une doctrine impuissante

La Liberté, *16 novembre 1929.*

LE ministère Mac Donald commence à être la risée du monde. Il était arrivé en promettant de guérir la plaie du chômage. Il avait un remède, une recette. C'est l'habitude des partis doctrinaires. Ils ont toujours la même illusion. Il suffira qu'ils gouvernent pour que, avec leur système, tout ce qui avait embarrassé leurs prédécesseurs soit résolu. Cette prétention tourne toujours mal et très vite. Pour le ministère Mac Donald, c'est déjà fait, et le chômage est l'occasion pour le socialisme de se couvrir de ridicule.

Ce n'était pas seulement par démagogie que les travaillistes avaient promis de réduire le nombre des chômeurs et de le ramener à un chiffre normal et supportable. C'était pire. C'était par infatuation de théoriciens. Ils étaient convaincus de l'impuissance des partis conservateurs et bourgeois. Ils étaient convaincus que le chômage tenait au vice du régime capitaliste. Lorsque M. Thomas, qui n'est d'ailleurs pas particulièrement antipathique, a tenu la queue de la poêle, il s'est aperçu que ni Karl Marx ni aucun socialiste de la chaire ne donnaient le moyen de réduire la légion des sans-travail d'une seule unité.

De grands travaux publics ? Des ateliers nationaux ? Vieille chanson. On ne transporte pas des ouvriers spécialisés de leur atelier à la construction des routes. Percez le tunnel sous la Manche vous mettrez à pied des gens de mer. Il y a l'émigration. Mais les pays neufs demandent des colons, des défricheurs, et l'on ne fait pas des travailleurs de la terre avec des travailleurs du sous-sol, un mineur du pays de Galles ne devient pas à volonté un fermier canadien. Tout ce que M. Thomas a imaginé de mieux, c'est, à la manière la plus bourgeoise, de trouver des clients pour le charbon britannique qui les avait d'ailleurs perdus parce qu'il était trop cher.

Stendhal, disait déjà, en parlant de l'Angleterre au temps de Napoléon : « Un tiers de cette nation est réduit à l'aumône. » On attribuait cette misère, qui formait un si violent contraste avec la richesse des autres classes, aux abus de la grande propriété détenue par quelques *landlords*. Le gouvernement de l'Angleterre a cessé d'être oligarchique. L'aumône est devenue légale. Elle s'appelle fonds de secours, assurances sociales, retraites. L'Angleterre devient, comme on l'a dit, un vaste hospice. Qu'elle continue ainsi, et, si riche soit-elle, elle finira par manger ses réserves accumulées, surtout si une politique imprudente lui fait perdre sa situation et ses marchés dans l'Inde, en Chine, en Égypte, etc...

Après les guerres de la Révolution et de l'Empire, l'Angleterre avait, comme aujourd'hui, une dette immense. On ne croyait pas qu'elle pût supporter un pareil fardeau. Pourtant, au dix-neuvième siècle, elle a vécu, prospéré, grandi. Grâce à quoi ? À un système ? À une doctrine ? Pas du tout. Grâce à la machine à vapeur et au charbon. Ce qu'il faudrait aujourd'hui à l'Angleterre, pour se débarrasser de la plaie du chômage, c'est un nouvel élément de la vie économique qui lui rendrait le privilège que, pendant près de cent trente ans, lui avait donné la houille. En fait de nouveauté, elle n'a que du socialisme. Ce n'est pas nourrissant.

La Liberté, *16 novembre 1929*.

Chapitre 58

Le congrès de Lahore

L'Action française, *4 janvier 1930*.

L'AN dernier, les nationalistes de l'Inde avaient réclamé de l'Angleterre le statut d'un Dominion. M. Ramsay Mac Donald le leur a promis. Aussitôt, le congrès de Lahore a exigé l'indépendance complète.

Cette histoire n'a rien de curieux. Ce qui l'est, ou plutôt ce qui le serait si l'on ne connaissait le flegme des Anglais, qu'on appelle aujourd'hui leur « estomac », c'est la tranquillité avec laquelle ils prennent ces choses. Peut-être au fond, quelques-uns n'en pensent-ils pas moins. Ils n'en conviennent pas, ce qui est digne d'admiration.

Un vieil homme d'État italien recommandait aux jeunes gens de ne jamais dire : « C'est grave, » parce que, ajoutait-il, « toute ma vie j'ai entendu dire que c'était grave ». En Angleterre, on ne dit jamais que c'est grave parce qu'on a la conviction intime qu'il ne peut pas arriver de catastrophe à « ce pays ».

L'envoyé du Times racontait l'autre jour, après avoir rendu compte du congrès, que les motions incendiaires du bandit Jawaharla étaient votées tandis que, dans les rues de Lahore, une population innocente s'amusait à regarder les jeux des enfants. Cette correspondance nous a paru pleine de sens. Les Anglais ne veulent être ni inquiets ni émus. Et peut-être, en vérité, ne réussissent-ils pas à concevoir qu'un événement aussi gros de conséquences qu'une révolte générale de l'Inde puisse arriver.

Ils ne sont pas les seuls qui se rassurent. Combien de

fois entendra-t-on encore qu'un mouvement « panhindou » est une chimère, un vrai fantôme, et que jamais les musulmans de l'Inde ne marcheront d'accord avec le reste de la population ? On dit cela et puis, un jour, ces impossibilités deviennent des réalités. Quand, autrefois, on lisait que les gens du Sinn Fein avaient encore commis un attentat, qui donc eût supposé que, quelques années plus tard, l'Irlande deviendrait un État libre ?

D'ailleurs le congrès nationaliste de Lahore a invoqué l'exemple irlandais. Mais l'indépendance de l'Inde serait une autre affaire que l'indépendance de l'Irlande.

L'Action française, *4 janvier 1930.*

Chapitre 59

Pax Britannica

L'Action française, *5 février 1930.*

Il y a quelques semaines, M. Baldwin a prononcé à l'Université de Glasgow, en sa qualité de lord recteur, un discours empreint de mélancolie. Le chef du parti conservateur s'est toujours fait remarquer par une certaine hésitation que ses troupes lui reprochent volontiers. On l'a vu souvent troublé dans l'action et dans le dessein. Peut-être raisonne-t-il trop. Peut-être voit-il trop tous les aspects des choses. Son discours de Glascow montre assez bien le fond de sa pensée.

Ce fond est tissu d'inquiétudes et d'anxiétés sur l'avenir de l'Empire britannique. L'avènement de la démocratie qui, en quelques années, c'est-à-dire, au regard de l'histoire, comme dans l'espace d'un jour, est devenue intégrale, a profondément changé l'Angleterre. Tout le monde répète à l'envi que c'est le pays qui change le moins, celui où les traditions se conservent le mieux. Pure apparence. L'Angleterre d'aujourd'hui ressemble aussi peu à celle de la reine Victoria que l'Angleterre de Victoria à celle d'Élisabeth.

Certainement, M. Baldwin aperçoit des différences dont nous faisons vite bon marché. Un État libre d'Irlande, par exemple, ne permet plus qu'on dise le « Royaume-Uni ». Ce qui tourmente M. Baldwin, ce n'est pas tant que les travaillistes gouvernent, ce n'est pas tant que le régime parlementaire soit, d'aristocratique, devenu démocratique. C'est qu'en outre les principes de la démocratie se soient répandus dans le monde au point de devenir universels.

Alors, tel Charlemagne qui pleurait en voyant paraître au loin sur leurs barques les barbares du Nord et qui pressentait que ses successeurs ne sauraient pas les tenir en respect, M. Baldwin se peint un avenir où la démocratie anglaise, que ses doctrines arment mal pour l'Empire, ne résistera pas à ce qu'un auteur de langue anglaise a appelé le « flot montant des peuples de couleurs », alors que ces peuples invoquent à leur tour le droit essentiel des démocraties, celui de disposer d'eux-mêmes.

Sous les Antonins, a dit M. Baldwin à ses auditeurs de Glasgow, Rome semblait éternelle. Elle paraissait comme le seul point fixe du firmament. Déjà, pourtant, l'Empire romain portait en lui-même les causes de sa décadence et de sa chute. Et quand il tomba, il entraîna le monde dans le chaos.

Et c'est vrai que la paix britannique, comme la paix romaine, maintient dans l'ordre et dans l'orbite de la civilisation occidentale une part considérable de l'humanité. M. Baldwin pense en particulier à l'Inde, et il n'a pas tort d'y penser. Mais sur quoi se fonde cette paix britannique, dont on n'appréciera vraiment les bienfaits que le jour où elle aura disparu ? Sur la puissance maritime anglaise. Et ici, c'est la conférence de Londres qui, avec toutes ses suites, se présente à l'imagination.

Le sort de l'Empire colonial français est lié au sort de l'Empire britannique. C'est l'évidence même. Ils se sont formés l'un contre l'autre, mais ils dureront et ils périront tous deux ensemble. Les Anglais eux-mêmes ne doivent pas désirer que nos forces navales soient limitées à un trop bas niveau pas plus que nous ne désirons que les leurs soient trop diminuées.

L'Action française, *5 février 1930.*

Chapitre 60

La Maison d'Ucalegon

L'Action française, *15 février 1930*.

ON étonnerait peut-être plus d'un Anglais en disant que les troubles du Tonkin ne sont pas sans importance pour l'Inde, comme on étonnerait plus d'un Français en disant que la révolte de Yen-Baî et les bombes d'Hanoï sont en relation avec le congrès de Lahore. Et pourtant ?

Pourtant ces événements feraient un sujet de conversation utile pour M. Ramsay Mac Donald et M. André Tardieu qui se rencontrent en ce moment à peu près tous les jours. Mais il est improbable qu'ils abordent ce sujet. Le président du Conseil français préférera dire, à l'occasion, qu'il s'agit de troubles locaux sans gravité. Le premier ministre britannique affectera de penser que le problème de l'Inde - s'il admet qu'il existe un tel problème - sera on ne peut mieux résolu grâce à la largeur d'idées du gouvernement travailliste.

C'est grand dommage. La France et l'Angleterre, possessionnées en Asie, auraient le plus pressant besoin de se concerter si elles veulent garder leurs possessions. Si les Anglais venaient à perdre l'Inde, l'Indochine ne ferait pas long feu, et réciproquement.

La première chose à faire, entre Paris et Londres, serait d'adopter une attitude et une politique communes à l'égard des Soviets, instigateurs des troubles asiatiques. On est fort loin de cela. D'abord il faudrait que, de part et d'autre, on voulût reconnaître l'action du bolchevisme dans les mouvements nationalistes et terroristes de l'Asie. Ensuite, il ne faudrait pas que, par le plus fâcheux aller et retour du pendule, la France entretînt des relations diplomatiques avec Moscou lorsque l'Angleterre n'en a pas, et commençât à se dégoûter d'avoir des agents du Guépéou à domicile lorsque le Foreign Office accrédite un nouvel ambassadeur au Kremlin.

La limitation des armements navals elle-même gagnerait à être vue sous l'aspect colonial, où les intérêts de la France et ceux de l'Angleterre sont identiques. Si nous avions avec l'Angleterre non seulement un pacte pour la défense commune des colonies, mais un plan de collaboration pareil à celui qui existait en 1914 pour la Manche et l'Atlantique mais plus étendu, il n'y aurait pas de question de tonnage, de catégories ni de sous-marins entre les Français et les Anglais. Tout se passe à Londres, quoi qu'on proclame le contraire, comme si les cinq puissances qui y sont réunies devaient un jour se faire la guerre et surtout comme si elles n'avaient pas le moindre intérêt commun.

Il n'est pas très difficile d'entrevoir un avenir où la France et l'Angleterre devront se prêter main-forte pour conserver leurs Empires coloniaux qui se soutiennent et s'épaulent l'un l'autre. Ce jour-là, on regrettera le temps perdu. On s'étonnera aussi de n'avoir pas pensé plus tôt que l'Inde et l'Indochine étaient, l'une par rapport à l'autre, comme la maison d'Ucalegon qui, en brûlant, chauffait un peu trop celle du voisin.

L'Action française, *15 février 1930*.

Chapitre 61

Le rouet de Gandhi

L'Action française, *26 avril 1930*.

LE flegme des Anglais durant les événements de l'Inde a quelque chose d'autant plus admirable que l'on se demande toujours si c'est confiance en eux-mêmes ou insensibilité. Les soulèvements de leur Empire font encore moins d'effet sur eux que sur la légèreté de notre Parlement l'affaire de Yen-Bay.

Gandhi, ascète, mystique, théosophe, apôtre de la « non-violence », déchaîne l'émeute. Il appelle le fer et le feu. Si l'Inde conquiert son indépendance, ce ne sera pas par l'apostolat de la douceur. Il est vrai sous tous les cieux que *violenti rapiunt illud*. Et le martyre accompagne la foi. Gandhi fera pénitence et se macérera davantage pour le sang versé. Mais il est versé et il coule.

Quant à Ramsay Mac Donald, religionnaire et pacifiste, on ne voit pas qu'il ait interdit aux autorités britanniques de tirer sur la foule et de réprimer à coups de mitrailleuses les rébellions. On n'a pas entendu non plus les indignations de M. Kenworthy ni de quelques autres ardélions de Westminster.

Ramsay Mac Donald fait comme Gladstone que ses principes humanitaires n'avaient pas empêché de bombarder Alexandrie. Et le Labour Party ne blâme pas l'usage des armes à Peshawar et autres lieux. Il ne blâme pas davantage l'activité de *l'Intelligence Service.*

Car si l'Angleterre garde l'Inde ce sera par la force sans doute mais surtout par les moyens de la politique, la plus vieille, la plus secrète, la plus immorale dans le sens où le puritanisme prend ici la moralité. L'Angleterre continuera à dominer les Indes en opposant les races, les religions et les castes, les musulmans aux brahmanistes, les parias à leurs oppresseurs, les princes et les radjahs aux foules nationalistes, les Sikhs aux Hindous. Ce sont les éléments de son règne et ils ressortissent à la plus pure réaction.

Le contraste et la ressemblance de Mac Donald et de Gandhi nous hantent. Ils se tiennent dans la sphère où la haute tragédie rejoint la grande comédie humaine, sur les frontières intérieures de l'illumination et de l'hypocrisie, tandis que les masses obscures paient par des vies ces jeux du ciel et de la terre.

L'Action française, *26 avril 1930.*

Chapitre 62

Service obligatoire et démocratie

L'Action française, *4 juin 1930*.

DANS *son Analyse spectrale de l'Europe,* le comte Keyserling, virtuose du jeu philosophique, jongle avec des idées, assez subtiles, souvent amusantes, mais où l'Allemagne perce toujours. Il est remarquable, par exemple, qu'un esprit aussi spéculatif soit dirigé dans sa psychologie et ses définitions des peuples par la préoccupation du traité de Versailles.

Quoi qu'il en soit, Keyserling a, sur l'Angleterre, une vue qui nous plaît. Développant un mot de Ferrero (autre professionnel dans l'art de fabriquer des pensées), il soutient que les Anglais ont été rendus socialistes par le service militaire obligatoire auquel la guerre les avait forcés de recourir. La conscription avait déjà aidé aux progrès si rapides de la social-démocratie en Allemagne. Elle a hâté la démocratisation de la France et toute démocratie s'épanouit dans le socialisme. L'Angleterre s'était mieux conservée que d'autres pays, étant exempte, dans son île, de la nécessité qui s'imposait à la France continentale. Mais la levée en masse a produit chez elle en peu de temps les mêmes effets qu'un demi-siècle de caserne ailleurs.

Il y a là une part de vérité. C'est aussi la réunion, la concentration du peuple russe mobilisé qui a donné la possibilité de la révolution de 1917. Il n'est pas douteux que le service militaire obligatoire, fléau prussien, a fait plus que le suffrage universel pour répandre la démocratie en Europe. D'où il pourrait résulter que les Alliés, en interdisant à l'Allemagne le service pour tous, eussent, sans le savoir, pris une mesure conservatrice propre à arrêter les progrès de la démocratie. Mais si les démocraties ne sont pas nécessairement pacifiques (la preuve en est faite depuis longtemps), le fait que tout le monde est soldat sert de frein aux instincts belliqueux. Quand il y a des armées de métier, on regarde un peu moins à la guerre, qui est faite par les autres. Voilà bien des perplexités.

L'Action française, *4 juin 1930.*

Chapitre 63
Un livre de 13 000 pages

La Liberté, *15 juin 1930*.

CE sera probablement le plus gros livre du monde, à peine dépassé par les plus vastes dictionnaires connus. Le tome premier, qui vient de paraître, n'est pas un volume de poche puisque à lui seul il compte treize mille pages et l'on ne sait combien en comptera le second. Cet ouvrage gigantesque, c'est le rapport de la commission nommée par le gouvernement britannique il y a déjà plusieurs années pour examiner le problème de l'Inde et en proposer une solution.

La solution est réservée pour le tome deux. Les membres de la commission d'enquête ont besoin de la rédiger, ce qui leur donne le temps d'y réfléchir. Mais les solutions sont toujours inscrites dans les données du problème et le fait que, pour l'Inde, ces données ne remplissent pas moins de treize mille pages, constituant une véritable encyclopédie, montre la voie où l'on peut chercher.

L'Inde, à elle seule, est un monde. Trois cents millions d'habitants. Des religions diverses et même antagonistes. Soixante-dix millions de musulmans. On ne peut pas dire « les Indiens » et l'Inde n'est elle-même qu'une expression géographique car, entre les mahométans et les brahmanistes, il y a un abîme. Plus de deux cents castes et, au-dessous, les parias, les intouchables, que Gandhi lui-même rejette avec horreur. Des régions directement administrées par la couronne britannique et des principautés sous le protectorat anglais. Des races, des langues, des peuples divers. Il est de toute évidence que si, un jour, le vice-roi, les fonctionnaires et les soldats de Sa Majesté pliaient bagage, l'Inde serait condamnée à la guerre civile et à l'anarchie, qu'elle tomberait dans l'état calamiteux où est elle-même la Chine et qu'alors sept cents millions d'êtres humains, le tiers de la population totale du globe, auxquels il faudrait joindre cent ou cent vingt millions de Russes bolchevisés, formeraient un effroyable pandémonium. Quel recul pour la civilisation !

La première partie du rapport de la commission indique déjà que l'Angleterre ne songe pas à s'en aller, qu'elle ne peut même pas s'en aller. Alors comment gouvernera-t-elle l'Inde ? En adaptant aux circonstances présentes les moyens dont elle s'est toujours servie, dont la Compagnie des Indes, la « bonne dame », se servait avant le gouvernement britannique. Jadis, les Mahrattes furent opposés à Tippo-Sahib, et, Tippo-Sahib vaincu, les Mahrattes le furent à leur tour. La méthode peut encore être employée d'une façon plus moderne. Il est probable qu'elle le sera. En politique aussi on fait des vers antiques sur des pensers nouveaux et l'on verse du vin de l'année dans les vieilles outres.

La Liberté, *15 juin 1930.*

Chapitre 64

L'Angleterre va sauter un grand pas

La Liberté, *10 juillet 1930*.

LES Anglais sont, d'ordinaire, assez longs à se décider. Ils hésitent avant de prendre les grandes résolutions. Nous avons vu cela, par exemple, aux grands jours d'anxiété de juillet 1914. La résolution une fois prise, et quand la rupture, souvent pénible et même douloureuse, est accomplie avec les idées reçues, les traditions et même les préjugés, on sait assez que les Anglais vont jusqu'au bout. Eh bien ! ils se préparent à sauter un grand pas, le plus grand, sans doute, qu'ils aient sauté depuis la guerre.

L'Angleterre cesse d'être libre-échangiste. Elle renonce à une doctrine qui pendant un siècle a fait sa richesse et qui a vieilli. Les partisans de la « préférence impériale » l'emportent et lord Beaverbrook est venu à bout des prudences et des temporisations de M. Baldwin. C'est une grande date pour l'Angleterre et pour l'Europe. La politique anglaise va donner un coup de barre qui l'orientera dans une voie nouvelle.

Qu'a-t-il fallu pour qu'enfin le libre-échange fût abandonné ? Trois choses. D'abord l'inefficacité des remèdes essayés contre le chômage, le remède socialiste s'étant révélé le pire de tous. Ensuite les victoires de l'idée protectionniste aux élections partielles qui se sont succédé depuis plusieurs semaines. Mais ce n'aurait peut-être pas été assez si de hautes autorités ne s'étaient prononcées, emportant les dernières résistances. Les grands banquiers de la Cité ont lancé un manifeste qui porte les signatures les plus puissantes de la finance anglaise et qui déclare que le libre-échange a fait son temps, que l'Angleterre doit chercher sa prospérité et même son salut dans un autre système. Ce sont les banquiers qui, de nos jours, gouvernent le monde.

Et peut-être ont-ils fait signe que M. Mac Donald n'avait plus qu'à s'en aller. L'échec du socialisme a été complet et pitoyable. L'expérience a tourné à sa confusion. M. Mac Donald lui-même se montre incertain, découragé. Il suit le courant, loin de diriger les événements. En faisant repousser le tunnel sous la Manche, n'est-ce pas à l'idée protectionniste qu'il a fait une concession ? Aujourd'hui le parti conservateur a retrouvé une plate-forme électorale. Pour un pays qui souffre d'un grave malaise, il représente un espoir, celui que le socialisme a déçu. M. Mac Donald n'aura bientôt plus qu'à faire ses paquets.

Nous ne savons pas si la « préférence impériale » et le protectionnisme sauveront l'Angleterre et donneront du travail à tous ses chômeurs. Nous ne savons pas si l'idée sera facile à réaliser et si tous les Dominions entreront de bon cœur dans le système. Mais deux conséquences se voient tout de suite. Pour que ce projet hardi et nouveau réussisse, il faut que l'Empire britannique soit solide. Alors plus de plaisanteries en Égypte, ni aux Indes. Et puis, surtout, voici que l'Angleterre, à son tour, va se hérisser de murs douaniers, se fermer aux marchandises qui ne viendront pas de ses filiales. L'Empire britannique sera un grand vase, sans doute, mais un vase clos. Il tournera le dos à la fédération européenne et aux principes de la fédération européenne. C'est la lutte pour la vie qui commence, avec âpreté. L'ère nouvelle, comme dit M. Curtius. Elle n'est pas empreinte de fraternité et elle se place d'une façon inquiétante sous le signe du « chacun pour soi ».

La Liberté, *10 juillet 1930.*

Chapitre 65

La malédiction des sionistes

L'Action française, *25 octobre 1930*.

Il arrive une singulière aventure à Ramsay Mac Donald avec la Palestine. Les colonies, les grands intérêts de l'Angleterre à travers le monde, tout cela a l'air de n'avoir été inventé que pour donner des ennuis aux travaillistes.

L'Angleterre avait désiré le mandat palestinien pour une raison très précise, qui, à l'époque, fut clairement expliquée. Le canal de Suez, artère vitale, se protège et se défend, comme il s'attaque, par ses deux rives. On avait bien vu pendant la guerre, par le raid turc et allemand, qu'il pouvait être menacé, même si l'Angleterre tenait l'Égypte. D'où l'utilité d'une zone de couverture aussi large que possible. Utilité encore plus grande si l'Égypte venait à être perdue par les Anglais. Alors le centre de protection serait reporté de l'autre côté.

La création du foyer national juif, adaptation du sionisme, n'a-t-elle été que le vêtement idéaliste dont cette conception militaire et impériale se recouvrait ? On le croirait à lire les reproches dont le gouvernement travailliste est l'objet.

Ému par l'insurrection indigène de l'an dernier, il suspend l'immigration juive, il ferme en somme la terre promise au peuple d'Israël pour apaiser les Arabes. Il mécontente d'ailleurs les deux éléments. Car les Arabes trouvent qu'il y a encore trop de Juifs chez eux. Cependant les sionistes s'indignent. Le Dr Weizemann, successeur du prophète et patriarche Herzl, lance sa malédiction contre le gouvernement britannique accusé de violer la promesse sacrée d'une nouvelle Sion.

Ce n'est pas seulement le monde israélite du dedans et du dehors qui prononce des blâmes. La politique palestinienne de Ramsay Mac Donald, sa politique d'équilibré et de balance est critiquée par les conservateurs qui invoquent la parole de Balfour et reproche au *Labour Party* de rendre hostile à l'Angleterre le groupe puissant des Juifs américains, mais qui ont aussi un autre argument.

Tout ce qui, en Palestine, sera fait contre les Juifs sera fait pour les Arabes, qu'on le veuille ou non. Or, on ne peut pas, compter sur l'Arabe pour qui l'Anglais restera l'ennemi. On pourra moins encore compter sur lui si jamais l'Égypte nationaliste l'emporte. Pour l'objet essentiel, qui est la protection du canal de Suez, c'était sur le sionisme que l'Angleterre devait s'appuyer. Elle aurait trouvé, sur place d'abord, puis dans tous les pays du monde où Israël a été dispersé, des amitiés, des sympathies, des concours pour se maintenir à Jérusalem s'il arrivait qu'elle ne fût plus au Caire.

Entre les compétiteurs de la Terre promise, Ramsay Mac Donald a fait ce qu'il a pu, y compris l'envoi de forces armées suffisantes pour que son jugement de Salomon, qui a le malheur de ne contenter personne, soit respecté. Le destin de ce religionnaire voulait qu'il fût maudit par les fidèles de Sion. Il répondra que ce n'est pas si commode de gouverner un grand Empire, chose qu'il découvre jour par jour.

L'Action française, *25 octobre 1930*.

Chapitre 66

L'Inde sans les Anglais

La Liberté, *15 janvier 1931*.

Tout le monde sait que la grande dépression économique qui est le nouveau fléau du monde, un équivalent des pestes fameuses du moyen âge, a pour lieu d'origine la vaste région, la fourmilière d'hommes qui comprend la Russie, les Indes et la Chine. Selon la règle qui veut qu'un malheur ne vienne jamais seul, au bolchevisme russe, à l'anarchie qui est le lot des Chinois, au prurit de nationalité des populations indiennes s'est ajoutée la dépréciation fantastique du métal argent qui servait de monnaie à la plupart des Asiatiques, de telle sorte que l'Asie échappe à la fois à l'influence européenne et au commerce européen, ce qui produit les troubles les plus graves dans la constitution économique de l'univers.

Avec l'Inde, l'Angleterre se trouve devant un problème énorme, quelque chose de compliqué et de monstrueux, de raffiné et de colossal comme ces palais antiques, témoins de civilisations disparues, dont nous verrons bientôt des copies à l'exposition de Vincennes. L'Inde s'insurge et c'est autre chose aujourd'hui que la fameuse révolte des cipayes. Par quel bout prendre cette difficulté, la plus grande que l'Angleterre ait eue à résoudre depuis bien longtemps ?

« Vous allez perdre l'Inde ! », s'est écrié récemment M. Winston Churchill qui est pour l'autorité et la manière forte. À quoi M. Ramsay Mac Donald a répondu que M. Winston Churchill disait précisément ce qu'il fallait pour que l'Inde fût perdue sans recours. D'où l'on peut conclure qu'en prenant le parti de lui accorder ce qui ressemble d'aussi près que possible à l'indépendance, M. Ramsay Mac Donald se propose encore de la garder et ne voit pas d'autre moyen de la garder. Il veut mettre l'Inde dans la grande chaudière d'un Parlement. Que donnera l'expérience ?

L'Inde livrée à elle-même, ce serait la guerre civile et religieuse, tout le monde l'a dit. Il y a environ soixante-dix millions de musulmans. Il y a à peu près autant de parias « intouchables ». Que feront les fidèles de l'Islam dans le Parlement indien ? Qu'y deviendront les castes ? Comment les purs y subiront-ils le contact des impurs ? Autant d'énigmes et peut-être le dernier mot de cette politique anglaise, qui nous semble si imprudente, est-il, pour régner, de faire mieux paraître les divisions avant même que le Parlement de l'Inde se soit réuni. L'imprudence, aux yeux de M. Ramsay Mac Donald, qui n'est pas seul de son avis, est de s'asseoir sur le couvercle de cette chaudière. Mais la réponse au projet de Constitution qui va être lu à la Conférence de la Table ronde n'a-t-elle pas été des émeutes plus graves que toutes les précédentes à Bombay ?

L'Inde, sans les Anglais, c'était le vœu et le rêve de Pierre Loti. Souhait imprudent, car, l'Inde sans les Anglais, ce serait rapidement l'Indochine sans les Français. Nous ne sommes pas désintéressés dans l'affaire. Et les autres pays, ceux qui n'ont pas la moindre possession asiatique, n'y sont pas désintéressés non plus. L'Asie, avec ses vastes marchés, sa consommation des produits européens et américains, est le grand point d'interrogation pour l'avenir des blancs et de leur civilisation fondée, en grande partie, sans qu'ils s'en doutent, sur la reconnaissance de leur supériorité par les jaunes.

La Liberté, *15 janvier 1931.*

Chapitre 67

Répression ou concessions

L'Action française, *6 mars 1931*.

UN Anglais qui se promenait un jour avec un Américain dans les rues de Londres tira révérencieusement son chapeau en passant devant la statue de George III. Et comme son compagnon le regardait, un peu surpris, l'autre dit avec le sérieux de l'ironie : « Je salue le plus grand de nos rois. Il a fait cette chose énorme. Il a perdu l'Amérique. »

On répète, en effet, depuis de bien longues années, que si l'Angleterre du dix-huitième siècle avait été plus habile, elle n'aurait pas attendu que sa colonie d'outre-mer entrât en révolte et que la France vînt au secours des insurgés. Elle aurait traité avec eux et les États-Unis seraient devenus un Dominion comme le Canada et l'Australie.

Ayant perdu sa grande colonie transatlantique pour s'être assise sur la chaudière, l'Angleterre essaie maintenant de garder l'Inde et l'Égypte en ouvrant soupapes après soupapes et en composant avec les mouvements nationalistes. Lord Irwin vient de signer un véritable traité de paix avec Gandhi après la campagne de désobéissance civile et la conquête du sel, à peu près comme si le représentant de George III avait conclu un accord avec les manifestants de Boston qui venaient de jeter les fameuses balles de thé à la mer.

La Grande-Bretagne a perdu l'Amérique pour avoir résisté à l'indépendance. Gardera-t-elle l'Inde parce que Gandhi aura traité d'égal à égal avec le vice-roi ?

Selon les uns, c'est le commencement de la fin pour

l'Empire des Indes. Des journaux conservateurs écrivent que Gandhi est le vainqueur, que le gouvernement a capitulé et que l'avenir est sinistre. Selon les autres, la mission de lord Irwin s'achève sur un succès. L'Inde est sauvée par une concession intelligente et opportune.

Les partisans des concessions et les partisans de la répression échangent des arguments sans doute futiles. Le *Daily Herald*, célébrant l'édifice de paix auquel le ministère Mac Donald vient d'ajouter une pierre, dit que les intraitables conservateurs ne changent pas et qu'ils annoncent un désastre pour l'Inde comme ils en avaient annoncé un pour l'Afrique du Sud. Mais si l'Afrique du Sud nationaliste fait encore partie de la communauté britannique, elle s'en écarte chaque jour un peu plus, et son Parlement décidait, il n'y a pas beaucoup de mois, de renoncer au drapeau anglais.

Répression ou concessions ? Ce sont peut-être les deux méthodes entre lesquelles on a le choix, dans certaines circonstances, pour mieux perdre des colonies.

L'Action française, *6 mars 1931*.

Chapitre 68

L'accord naval et la méditerranée

L'Action française, *13 mars 1931*.

M. de Givet faisait hier, dans *l'Ordre*, cette remarque originale que l'accord naval aboutit à ce résultat que la maîtrise de la Méditerranée appartiendra désormais à l'Angleterre. La France et l'Italie ont confié le soin de régler leur différend à l'arbitre anglais qui a imité celui de la fable. C'est la comparaison dont M. Victor Bérard, au Sénat, s'était déjà servi en rappelant l'exploitation de l'arbitrage dans le monde antique, par le Sénat de Rome. Comme l'a si bien dit un historien philosophe espagnol : « L'utopie, c'est tout ce qui ne s'est pas vu dans l'histoire romaine. »

Ainsi l'Angleterre a fait une bonne opération, dans la ligne de ses intérêts permanents, qui sont ses intérêts maritimes, sous les auspices du désarmement et de la paix, et par deux hommes du *Labour Party*. L'autre jour, M. Léon Blum disait triomphalement que M. Henderson et M. Alexander n'étaient pas des lords, des aristocrates, des seigneuries, mais d'anciens ouvriers manuels, l'un monteur et l'autre, je crois, cheminot. Ils n'en ont peut-être été que plus dociles aux instructions de l'Amirauté.

Et maintenant, voici l'autre point de vue. Est-il bon, est-il mauvais que la supériorité navale de l'Angleterre soit assurée dans la mer intérieure et même dans les autres ? Mais s'il n'y avait la Royal Navy pour la garde et la police des routes maritimes, qui s'en chargerait ?

Nous ne trouvons pas, quant à nous, que l'Angleterre ait trop de bateaux. Où ses intérêts sont-ils contraires aux nôtres ? Si elle estime que les nôtres sont contraires aux siens, c'est une inconcevable erreur de jugement. L'ère des rivalités coloniales est close. Tout homme doué d'un peu de bon sens sait que, le jour où les colonies britanniques tomberaient, les colonies françaises ne tiendraient plus qu'à un fil.

Cependant la politique anglaise travaille avec une sorte de jalousie à rabaisser notre marine sans nous donner la contrepartie, qui nous mettrait fort à notre aise, d'un accord de garantie navale semblable à celui qui existait en 1914 et qui a protégé Calais et Cherbourg contre un coup de main allemand. Toutefois, est-ce bien de jalousie qu'il faut parler ? En 1914, la France avait la liberté de concentrer ses forces en Méditerranée, ce qui n'a pas empêché le *Goeben* et le Breslau de courir. Supposons que l'Amirauté britannique ait fait réellement ce calcul que l'accord naval lui donnerait l'avantage sur les riverains de la conque méditerranéenne. Peut-être s'est-elle dit qu'en raison de l'état où la marine française était déjà réduite, ce serait le moyen le plus sûr d'éviter les surprises désagréables. Peut-être enfin n'a-t-elle eu confiance qu'en elle-même pour garder les abords du canal de Suez.

Ce serait juste. On ne peut compter que sur soi quand on ne veut ni alliance ni collaboration avec le voisin d'en face, ce qui est présentement le cas de l'Angleterre.

L'Action française, *13 mars 1931*.

Chapitre 69

L'Inde et l'avenir de l'Angleterre

La Liberté, *18 mars 1931.*

IL y avait longtemps qu'on avait prédit que l'Angleterre devrait faire face un jour à l'immense problème de l'Inde. On disait aussi que ce jour serait redoutable et que ce serait une grande épreuve pour l'Empire britannique. Et puis, bien des années ont passé depuis la révolte des Cipayes. À la fin, la prédiction s'est pourtant réalisée et il s'agit de savoir comment quarante millions d'hommes qui habitent une île de la Manche en gouverneront trois cents millions d'autres qui peuplent une vaste partie de l'Asie.

Il est à peu près possible de prévoir et d'annoncer l'avenir, mais en gros, dans le vague, à la manière des pythonisses qui ont soin de laisser les détails de côté. La guerre européenne avait eu ses prophètes. Aucun n'avait imaginé l'ampleur qu'elle a prise. Dès le début de la Révolution française, plusieurs hommes très pénétrants (et même une femme, Catherine II), avaient fait le pronostic que tout cela finirait par la dictature d'un soldat. Quant à se représenter Napoléon, il eût fallu être sorcier. Il y avait eu des centaines de livres pour décrire la société collectiviste, la cité future, qu'on plaçait partout, sauf où on l'a vue, c'est-à-dire en Russie, Karl Marx lui-même étant convaincu que c'était le dernier pays où devaient s'appliquer ses idées. Et le régime soviétique ne ressemble ni aux descriptions de Paul Adam, dans ses *Lettres de Malaisie,* ni aux visions harmonieuses d'Anatole France et de Sur *la pierre blanche.*

Pour l'Inde, les choses ne se sont pas non plus passées selon l'image que nous nous faisions d'après le Capitaine Corcoran, délices de notre enfance. Gandhi était un phénomène imprévu. Gandhi, l'ascète, le saint du nationalisme, c'est la puissance de l'idéal, l'intervention du mysticisme. On voyait une vaste révolte de l'Inde. Un homme qui vit de laitage et de citrons, qui travaille au rouet, qui est ennemi de la violence, a tout conduit. Et l'on affirme que si l'accord a été conclu c'est parce que Gandhi a eu huit jours de conversations avec le fils de lord Irwin qui est un mystique lui-même.

Peut-on revenir sur cet accord qui a des côtés inquiétants, qui ne sera peut-être pas toujours respecté, qui déjà même, semble-t-il, ne l'est pas ? Mais si l'Angleterre renonce aux concessions, il ne reste que la répression. C'est ce que M. Baldwin a lumineusement démontré au nom du parti conservateur. Il y a, dans ce grand parti, des hommes qui sont pour la manière forte, M Winston Churchill par exemple. M. Baldwin a rappelé que M. Winston Churchill s'était indigné, avec un grand nombre d'Anglais, après la célèbre fusillade qu'on a appelée le massacre d'Amritsar.

M. Baldwin n'est pas d'avis de tout lâcher. Mais il ne se dissimule pas que, partout, l'Angleterre entre en composition avec les mouvements d'indépendance et qu'elle ne peut pas se comporter aux Indes autrement qu'en Égypte. En somme, il s'agit pour elle de garder quelques positions essentielles, quelques clefs. Plus tard, on verra. Qui sait quel sera, plus tard, le sort des empires coloniaux, si l'avenir est à la collaboration ou aux séparations définitives et si, des grandes constructions de la race blanche en Afrique et en Asie, il restera un progrès ou le regret qu'avait laissé, après elle, la paix romaine ?

La Liberté, *18 mars 1931.*

Chapitre 70

La charte du souverain

La Liberté, *22 Septembre 1931*.

Depuis Charles 1er, les Anglais n'avaient pas commis de régicide. Aujourd'hui, 21 septembre, ils exécutent une reine. La livre sterling, cette impératrice des monnaies, fière d'une couronne intacte, d'un règne incontesté de trois cents ans, est décapitée. Le « souverain » ne sera plus qu'une devise incertaine et errante, comme, de par le monde, il n'y en a déjà que trop. La livre cesse d'être de l'or. Elle sera évaluée, cotée, avec des fluctuations de monnaie avariée, à un Mont de Piété international qui s'appelle la cote des changes. Saluons cette majesté déchue.

Avec elle, qu'on ne se le dissimule pas, c'est une des bases de la civilisation qui tombe. Le socialisme l'a abattue. Ils ne voulaient pas le croire, tous ces financiers, tous ces banquiers pour qui la politique était une chose indifférente, qui ne voyaient pas ce qui se préparait dans les profondeurs, pour qui c'était un dogme que peu importe qui gouverne un pays et comment il est gouverné. Pourvu qu'on appliquât le *gold exchange standard*, tout était bien. C'est l'Angleterre qui renonce pour elle-même au *gold exchange standard* dont elle a recommandé la règle aux autres peuples.

Après avoir lutté treize ans, elle se résigne à la dépréciation de sa monnaie. En 1815, au lendemain des guerres de la Révolution et de l'Empire, l'Angleterre, chargée de dettes, semblait vouée à une faillite. Elle avait triomphé de ses difficultés et ce précédent donnait une confiance illimitée dans sa richesse et dans sa force. Depuis 1918, elle a lutté, comme la chèvre de M. Seguin. Et, ce matin, le loup l'a mangée.

C'est une faillite, puisque, faillir, c'est manquer à ses engagements. L'Angleterre, ne pouvant plus boucher la voie d'eau que le socialisme a ouverte dans ses finances, se résigne à payer ses créanciers avec un *convenio*, ce que faisaient autrefois des pays qui étaient regardés avec un certain mépris, ce que nous avons fait nous-mêmes, ce que jamais l'Angleterre n'aurait cru être obligée de faire. A quand la stabilisation du sterling ? Et à quel taux ? Celui de cent francs pour une livre est indiqué de divers côtés. C'est celui que M. Keynes a recommandé. Pourvu qu'on s'en tienne là !

L'Angleterre, qui dépensait trop, dépensera moins dans une monnaie affaiblie. C'est le système des économies forcées L'amputation sur les rentes, les traitements, les salaires sera automatique. Seulement, nous connaissons bien la suite. Définitive pour les rentes, l'amputation ne l'est pas pour le reste. La vie devient plus chère. L'agitation pour le relèvement des traitements et des salaires commence après un coup de fouet donné à l'industrie et au commerce. C'est le cercle vicieux que nous avons parcouru, que nous n'avons peut-être pas achevé. Et, malheureusement, avec la livre sterling qui tombe, notre franc, réduit au taux modeste de 20 centimes, va se trouver découvert avec les autres monnaies. Ce n'est pas en vain que la plus grosse colonne du temple aura été sciée.

La Liberté, *22 Septembre 1931.*

Chapitre 71

Le redressement de l'Angleterre

L'Action française, *30 septembre 1931.*

ON se raconte à Londres que la mutinerie de la flotte a été assez différente de ce qu'on a cru sur le premier moment. Qu'il est donc sage de ne pas juger trop vite ! C'est l'amiral lui-même qui a encouragé ses hommes à protester contre les réductions que Ramsay Mac Donald et Philip Snowden leur imposaient. Ah ! on touchait à ses matelots ? On allait voir ça ! Il devient alors facile de comprendre l'indulgence de sir Austen Chamberlain conservateur, et premier lord de l'Amirauté dans le gouvernement de coopération nationale.

Il n'en reste pas moins vrai que la grève de l'escadre est apparue comme un symptôme de désagrégation et n'a pas peu contribué à la chute de la livre. On avait interprété de travers, c'est possible. Le mal était fait. C'est la preuve que la fameuse confiance, support des monnaies, tient compte de tous les éléments qui composent l'ordre et la force d'un grand pays.

Dans un article de fière allure, destiné à l'opinion étrangère et que publient les Annales, M. Winston Churchill s'élève contre les pessimistes. La chute de la livre n'est pas la chute de la Grande-Bretagne. Le ressort n'est pas brisé... Cela se dit déjà en français, - peut-être M. Winston Churchill ne le sait-il pas, - en vers assez drôles du Cromwell d'Hugo et qui font un peu proverbe. Ce n'est pas la première fois qu'on voit : ... Pleurer sur la vieille Angleterre Comme le pélican près *du* lac solitaire.

M. Winston Churchill croit au redressement sinon de

la livre du moins de son pays, et il a raison d'y croire, car c'est la première condition pour l'amener. Ce n'en est d'ailleurs que la première. Quelles sont les autres ?

« La nation britannique, écrit M. Churchill, a conscience maintenant que sa méthode négligente, Roger Bontemps, de diriger ses affaires au petit bonheur, engendrée par une longue immunité contre toute mésaventure sérieuse, doit être remplacée à l'avenir par un système beaucoup plus strict et clairvoyant de gouvernement et de politique. » C'est la traduction du jeu de mots très aigu que faisait naguère un homme spirituel : « *We arc weakened by the week-end.* » Excès de congés ! Léon Daudet dit aussi, depuis longtemps, que les Anglais prolongent un peu trop, fussent-ils hommes d'État et philosophes, l'âge où il sied de jouer à la balle.

L'abus du sport est une cause de faiblesse comme le *week-end*. Comprenez par là, outre le temps perdu à lancer des balles dans les trous, cet esprit sportif qui allait assez bien avec le vieux parlementarisme anglais, celui de deux équipes d'hommes du même monde. Entre whigs et tories, c'était un match, comme entre Oxford et Cambridge. Le pouvoir était la coupe qu'on se repassait. Le même franc jeu a été accordé au socialisme. Alors tout a été changé, la partie a été gâtée. Et même le sterling s'est détérioré avec elle.

L'Action française, *30 septembre 1931.*

Chapitre 72

Déjà Gladstone...

L'Action française, *7 novembre 1933.*

UNE grande controverse est engagée entre les Anglais. Elle se traduit même par des effets électoraux. Elle donne lieu à des manifestations en sens contraire. Le registre des opinions va des partisans de l'isolement qui reprochent à M. Baldwin d'avoir énoncé ce truisme que la Grande-Bretagne était résolue à remplir ses engagements et qui veulent dénoncer le pacte de Locarno, jusqu'à ceux, comme lord Rothermere, dont Charles Maurras montrait hier la rencontre avec M. Camille Barrère, et qui se plaignent que Locarno manque de contre-partie. Ces derniers demandent donc, en d'autres termes, l'alliance de l'Angleterre avec la France.

Ce genre de controverse n'est pas nouveau chez les Anglais. On peut même dire qu'il est classique. Seulement, cette dispute se ranime toujours dans les mêmes circonstances. Il est fâcheux de le dire. Mais les arguments pour et contre l'intervention, qui sont toujours les mêmes, sont produits chaque fois qu'un danger de guerre apparaît sur le continent.

Il fut un temps où la figure de Bismarck s'élevait sur l'Europe comme aujourd'hui se dresse Hitler. Ce serait une erreur de croire que l'Angleterre fût alors restée aveugle et indifférente. Ce que signifiait le militarisme prussien, Gladstone le savait. Il n'avait pas plus de sympathie pour le bismarckisme que Ramsay Mac Donald ne peut en avoir pour le nazisme. Une guerre entre la France et la Prusse s'annonçait pour un avenir prochain. Le cabinet britannique en avait délibéré. Et, dès le 17 avril 1869, Gladstone faisait passer sous les yeux de la reine Victoria un mémoire à travers lequel on devine le choc d'opinions qui s'est produit (le même choc auquel nous assistons) et la ligne moyenne que le conseil a tirée : L'Angleterre doit garder intégralement entre ses mains les moyens d'apprécier elle-même ses obligations, selon la nature des cas qui surgiront. Elle ne doit pas forclore et rétrécir sa propre liberté de choix par les déclarations faites à d'autres puissances dans leur intérêt réel ou supposé et dont elles prétendraient être les interprètes tout au moins en commun avec nous. Il est dangereux pour elle de prendre seule, par rapport aux controverses européennes, une attitude avancée et par conséquent isolée. Advienne que pourra, il vaut mieux pour elle promettre trop peu que trop. Elle ne doit pas encourager les faibles en leur faisant concevoir l'espérance de son assistance contre les forts, mais bien plutôt chercher à détourner les forts de toute agression contre les faibles par un langage aussi ferme que modéré.

Cette méthode, qui alors paraissait sage et qui le paraît encore en 1933 au gouvernement britannique, n'empêcha pas la guerre de 1870. Et lorsque la reine Victoria recommanda la modération aux vainqueurs, Guillaume 1er déclina ses conseils. Gladstone soulagea sa conscience en écrivant « L'égorgement de l'Alsace-Lorraine sans qu'aucune voix ne soit élevée pour protester sera, à mon avis, une honte éternelle pour l'Angleterre. » Il disait « honte éternelle », quand il eût fallu dire « immense danger ». Il ne croyait pas au danger pour l'Angleterre. Tout était et tout est encore là.

L'Action française, *7 novembre 1933.*

Jacques Bainville

Chapitre 73
Élite et public en Angleterre

L'Action française, *23 février 1934*.

Y a-t-il un progrès dans l'opinion publique anglaise ? Est-elle devenue plus clairvoyante ? Nous nous rappelons un article de W. Morton-Fullerton qui, l'année dernière, nous promettait des surprises agréables de ce côté-là. Depuis, quelques signes ont donné raison à son optimisme.

C'est ainsi que M. Garvin, de son *Observer* qui est un observatoire, avertit à la fois l'Angleterre et la France qu'elles ne peuvent être indifférentes à la conquête de l'Allemagne par le nationalisme hitlérien. « Soyons convaincus, écrit-il, qu'une France forte n'est pas moins indispensable qu'une forte Angleterre à la paix et à la stabilité dans l'avenir. Les destins de ces deux démocraties sont indissolublement liés l'un à l'autre. Elles se maintiendront ou elles tomberont ensemble. Seule une assurance mutuelle, bien ferme et définie, pourra garantir leur liberté et leur existence. »

Laissons la démocratie qui n'a pas grand-chose à voir là-dedans. Quant à la France, comme le remarquait ces jours derniers le *Morning Post,* elle n'a jamais demandé, par exemple, que la marine britannique fût affaiblie.

M. Wickham Steed, qui connaît admirablement l'Europe, donne de son côté, dans le *Journal de Genève,* des avertissements de bon sens. Nous citerons au moins sa conclusion : Où donc va l'Europe ? On disait autrefois que c'était l'Autriche qui était toujours en retard. Aujourd'hui ce reproche s'adresse aux gouvernements français et britannique plus amèrement encore qu'aux pays de l'Europe centrale. Pendant que les hommes politiques et les diplomates ergotaient, les événements ont marché. Ils marchent toujours, et l'Allemagne hitlérienne les aiguillonne. Puisse leur marche se ralentir suffisamment dans les prochaines semaines pour donner aux gouvernements qui commencent à craindre pour leur propre sécurité le temps de se ressaisir, et de comprendre que le souci du bien général ne peut s'arrêter aux frontières de leur propre pays !

Tout cela est excellent. Mais M. Wickham Steed, M. Garvin, les écrivains du *Morning Post,* d'autres encore qui, au Parlement et dans la presse, ont fait entendre un ton aussi juste, sont-ils l'opinion publique ? Ils sont plutôt l'élite qui travaille à la faire, et avec quel courant à remonter !

M. Wickham Steed fait une allusion au voyage de M. Eden qui a entrepris à travers l'Europe le « colportage mélancolique » du mémorandum anglais sur le désarmement. Il ajoute que M. Eden a déjà les yeux entrouverts et que peut-être, après ce voyage, il les ouvrira tout grands. Il reste à les ouvrir à des millions d'Anglais qui gardent l'horreur des ententes et qui persistent à croire que le moyen pour leur pays de ne pas être mêlé aux affaires du continent est de les ignorer.

L'Action française, *23 février 1934.*

Chapitre 74

Lord Tyrrell et l'École du fait

L'Action française, *27 février 1934*.

Nous parlions l'autre jour de cette élite intellectuelle qui s'efforce d'ouvrir les yeux du peuple anglais, tâche encore plus importante qu'ailleurs dans un pays où rien ne se décide que par l'opinion, où tout engagement est conditionné par l'état du sentiment public à une heure et dans des circonstances imprévisibles. Si quelques progrès sont à remarquer, si le lecteur de gazettes reçoit l'avis que l'Allemagne ne se compose pas de corrects et pacifiques gentlemen, on le doit pour une part à des écrivains, pour l'autre à des diplomates.

Au moment où lord Tyrrell prend sa retraite et quitte, au regret de tous, les hautes fonctions qu'il occupait à Paris, on peut et l'on doit dire qu'il n'a pas donné dans les illusions commodes. L'ambassadeur ne s'est pas plus abusé sur Hitler que sur les chances du mouvement hitlérien. Sa mission ne fut pas toujours facile et cette difficulté est presque toujours le lot de ceux qui ont raison. Mais la vérité est si rude qu'elle a besoin d'être nuancée.

Le corps diplomatique anglais fournit un bon nombre d'observateurs et d'informateurs politiques dont lord Tyrrell est le type le plus parfait. Durant les huit années de son ambassade à Paris, il a représenté non seulement la Grande-Bretagne, mais, si j'ose dire, une école philosophique. Laquelle ? Celle du fait.

Ce ne serait pas la peine qu'on eût tant parlé de Stuart Mill comme de l'élaborateur d'une méthode purement anglaise s'il n'avait formé des disciples et répandu un esprit.

Cette méthode est celle qui « n'enjambe pas les faits ». Elle vaut aussi en politique et c'est à la politique qu'on doit appliquer le principe essentiel et essentiellement simple de Mill : nous induisons que le feu brûle quand la sensation du feu et la sensation de la brûlure ont été éprouvées par nous. Mill ajoutait que nous ne savons rien que par expérience et que l'expérience est elle-même la pierre de touche de l'expérience.

Mais combien de fois faut-il être brûlé pour apprendre que le feu brûle ? Souvent, sans doute, lorsqu'il s'agit d'autre chose que de la matière en combustion. Il y a des Anglais comme il y a des Français à qui ni l'expérience de 1914, ni celle de 1870 n'ont suffi pour lier l'un à l'autre le fait de la guerre et le fait d'une grande Allemagne unie.

Lord Tyrrell n'est pas de ceux-là. Heureusement, l'ambassadeur qui s'en va n'entre pas dans une oisive retraite. La pairie n'est pas une institution si vaine puisqu'elle lui permettra encore d'enseigner et de répandre ce qu'il sait.

L'Action française, *27 février 1934*.

Chapitre 75

La même heure à deux horloges

L'Action française, *7 novembre 1934.*

UN lecteur nous demande comment il se fait que le socialisme revienne en Angleterre lorsqu'il s'éclipse en France et réciproquement. Cela ne s'explique pas. Cela se constate. L'heure de la changeante opinion n'est pas la même dans les deux pays malgré la communauté du méridien. Voilà tout.

Cette sorte de loi de compensation n'a d'ailleurs rien de nécessaire bien qu'elle se vérifie depuis une douzaine d'années.

Les élections municipales d'Angleterre, confirmant les résultats de toute une série d'élections partielles à la Chambre des Communes, confirment un retour du pendule en faveur du *Labour Party*. D'ici quelques mois la dissolution, qui paraît un monstre sur les bords de la Seine, pourrait bien être prononcée à Londres, selon la coutume des Anglais. Alors il n'est pas sûr qu'une consultation générale rende le pouvoir aux socialistes. Il n'est pas sûr non plus que les conservateurs gardent la majorité.

Mais si l'avenir de l'union nationale est nébuleux en Angleterre, il n'est pas moins problématique en France où bien des choses, d'ici quelques heures, peuvent se décider. Il n'est pas impossible que, bientôt, la même heure se mette à sonner au Palais-Bourbon et à Westminster. A ce moment, on pourra se rappeler le mot de Thiers, entendu et recueilli en 1871 par M. Jules Cambon : « La révolution sera toujours vaincue à moins qu'il n'y ait un gouvernement socialiste à Londres. »

La révolution trouverait une bonne chance, la guerre et l'Allemagne aussi.

On se plaît à penser que le *Labour Party* n'est plus aveugle, que le régime hitlérien l'a éclairé et qu'il comprendrait, au cas d'une agression allemande, la nécessité d'intervenir. Nous craignons qu'on ne se fasse des illusions. Dans l'hypothèse la plus favorable, il ne semble pas croyable qu'un cabinet travailliste agisse plus vite que le cabinet libéral de 1914 au sein duquel l'accord était loin de régner, ce qui ne contribua pas peu à retarder la décision.

Le pire est que les mêmes hommes font toujours les mêmes fautes. En 1914, Guillaume II ne croyait pas à l'intervention de l'Angleterre et paria surtout qu'un gouvernement libéral resterait neutre. Pourquoi voulez-vous que les socialistes gouvernant à Londres, Hitler ne fasse pas le même pari qui, fût-il perdu, serait encore désastreux ?

L'Action française. *7 novembre 1934.*

Chapitre 76

L'alarme et l'anxiété

L'Action française, *30 novembre 1934*.

À côté du supplice de Tantale, il faut mettre le supplice de Baldwin. Voir la vérité et ne pouvoir la dire, c'est cruel. M. Baldwin a tourné plus de sept fois sa langue dans sa bouche pour ne pas avouer ce qu'il pensait des armements de l'Allemagne. Il faut lire ce paragraphe de son discours, modèle du genre embarrassé :

« Il n'y a à l'heure actuelle aucune raison de nous montrer alarmés, car ni la Grande-Bretagne ni aucun autre pays européen ne se trouve immédiatement menacé. Mais je reconnais que la situation présente fait naître une grande anxiété, et c'est pourquoi le gouvernement britannique n'a pas cessé et ne cessera pas de suivre attentivement le développement de cette situation. »

À la lettre, M. Baldwin conseille de ne pas prendre l'alarme et ajoute qu'on a le droit d'être anxieux. Le moyen de se tirer de là se voit mal. M. Baldwin voit plus mal encore le moyen de contenter les Anglais qui pensent, comme Winston Churchill, que l'Angleterre est insuffisamment défendue, et ceux qui votent pour les socialistes parce que les socialistes racontent que les conservateurs veulent la guerre.

Le gouvernement britannique ne ferme pas les yeux au réarmement de l'Allemagne. Il a sagement fermé les oreilles aux agents du Führer venus pour le convaincre d'autoriser ce réarmement. Mais l'Allemagne, au nom de l'égalité des droits dont le principe lui a été reconnu, s'est armée en violation manifeste du traité de Versailles sans que personne ait rien dit. On n'a d'ailleurs rien dit parce qu'on savait bien qu'on ne voulait rien faire.

La protestation est remise à plus tard. Sir John Simon, résumant le débat, espère encore qu'il sera possible d'arriver à une limitation des armements au niveau le plus bas. Ce niveau sera celui que l'Allemagne aura choisi pour elle-même. À ce moment-là, si l'Angleterre prend l'initiative d'une démarche collective, il y a des chances pour que l'Allemagne l'accueille mal.

Les circonstances seront-elles plus favorables dans quelques mois ? Le cabinet de Londres semble le croire. Il escompte l'aggravation des difficultés intérieures avec lesquelles le régime hitlérien est aux prises. « Situé comme il l'est, a dit M. Baldwin, le Reich dépend beaucoup plus que la plupart des autres pays d'une politique amicale et de relations commerciales normales avec ses voisins. » C'est toujours la morale de l'intérêt bien entendu sur laquelle le système de 1930 avait été construit et qui faisait déjà dire à M. Lloyd George en 1911 : « Les Allemands nous vendent beaucoup de marchandises. Pourquoi nous tueraient-ils ? Nous leur en vendons beaucoup. Pourquoi les tuerions-nous ? »

Oui, mais si l'Allemagne ne croit pas à son salut par les harmonies économiques ? Si elle se convainc que dans une guerre elle n'a plus rien à perdre parce qu'on ne lui infligera pas de traité plus dur que celui de Versailles dont il ne reste que les frontières ? C'est alors qu'on peut avoir « une grande anxiété ».

L'Action française, *30 novembre 1934.*

Chapitre 77

Deux discours

Candide, *28 février 1935.*

M. Flandin a prononcé l'autre jour un discours en anglais. Cette semaine, sir John Simon, ministre des Affaires étrangères de Grande-Bretagne, vient à Paris et fait une conférence dans notre langue qu'il possède à la perfection. C'est la mode des échanges intellectuels.

Oui, mais qui donne ? Et qui reçoit ? J'avoue que quelque chose me gêne et même m'inquiète lorsque le chef de notre gouvernement se met à haranguer les foules anglo-saxonnes dans l'idiome qui leur est familier. Je me souviens de Clemenceau qui, lui non plus, n'avait pas besoin d'interprète pour causer avec Wilson et Lloyd George, et l'on nous a dit que, pour cette raison, le traité de Versailles portait une marque de fabrique un peu trop américaine et un peu trop anglaise.

J'entends tout de suite l'objection qu'on va faire. Si la contamination de la pensée par le langage est fatale, sir John Simon sera suspect chez lui d'épouser les idées françaises et de mieux servir notre pays que le sien.

Cependant, si j'étais sujet du roi George, je serais bien tranquille. Un Anglais peut être polyglotte sans perdre un atome de son insularité. Sir John Simon est même venu à Paris pour dire dans sa conférence la différence qu'il y a entre le régime parlementaire tel qu'on le pratique à Londres et tel qu'on le pratique chez nous. Quand un Anglais aime la France, c'est, ainsi que le disait un jour sir Austen Chamberlain, comme on aime une femme. Autrement dit, il reste un homme.

Nos anglophiles sont-ils aussi résistants dans leur virilité ? Je me permets d'avoir un doute. D'ailleurs, dans son allocution à l'usage d'outre-mer, M. Flandin a marqué pour l'expérience du président Roosevelt une admiration qui laisse percer quelque tendance à manipuler notre petit franc sur le modèle du dollar.

Nos grands-pères disaient avec le vieux Béranger qui rimait simplement : J'aime qu'un Russe soit Russe Et qu'un Anglais soit Anglais ; Si l'on est Prussien en Prusse En France, soyons Français.

Oui, mais Eugène Lautier, vieux journaliste républicain, vient de mourir en laissant pour testament cette phrase mélancolique : « La France n'est plus française. » Quand nos ministres font des discours dans la langue de Wilson, c'est peut-être parce qu'ils commencent à douter de la France. Alors elle cesse de faire des conquêtes morales et si elle récolte en tout et pour tout deux mille voix dans la Sarre, il ne faut pas en chercher la raison ailleurs.

Candide. *28 février 1935.*

Chapitre 78

Le pari du Führer

La Liberté, *9 mars 1935*.

QUAND Hitler a contremandé sir John Simon, on s'est écrié en chœur : « Quelle maladresse ! Quelle folie ! Il va se mettre toute l'Angleterre à dos. »

Le Reichsführer n'est pas aussi sot qu'on le croit ou bien ce sont les socialistes anglais qui sont moins intelligents qu'on ne pense. Car il n'a rien perdu et l'on peut même dire qu'il n'a rien risqué. Le *Labour Party* a réagi comme lui-même et reproché au gouvernement Mac Donald-Baldwin d'avoir publié ce *Livre blanc* sur les armements allemands qui fait tant de peine à ce bon M. Hitler. C'est l'histoire de ce pauvre Holopherne si méchamment mis à mort par Judith.

Hitler ne sait peut-être qu'une chose, mais il ne la sait pas mal. C'est un manieur de foules, une sorte de grand ministre de la propagande. Il a fait de l'Allemagne ce qu'il a voulu. Il en a pétri l'opinion. Il ne désespère pas de produire les mêmes effets au dehors, ailleurs même qu'en Autriche et en Tchécoslovaquie germanique, où sa parole a pénétré.

Sur les masses anglaises, il a déjà presque réussi. Il est vrai que ce n'était pas très difficile et qu'il jouait à coup sûr. Il a suffi qu'il prononçât le mot de paix et l'opposition travailliste a déploré que ce bon vouloir si évident fût méconnu par Ramsay Mac Donald, John Simon et Stanley Baldwin qui deviennent les militaristes et les belliqueux tandis que les nazis sont tendres comme le mélancolique Werther.

Ce n'est pas une caricature. Ce n'est pas une charge.

C'est ainsi. Hitler a anéanti le socialisme allemand, enfermé dans des camps de concentration communistes et social-démocrates, suspendu les « libertés ouvrières », dénoncé le marxisme comme l'ennemi et relevé le militarisme prussien. Il a les sympathies des socialistes anglais parce qu'il est l'Allemagne.

C'est inguérissable. C'est indélébile. Hitler s'en doutait bien et il a été si peu maladroit que, pressé par l'opposition du *Labour Party,* le gouvernement britannique attend maintenant le jour où le chancelier et Führer du Reich voudra bien dire qu'il est prêt à recevoir l'envoyé extraordinaire de Grande-Bretagne.

La Liberté, *9 mars 1935.*

Chapitre 79

Le réverbère

L'Action française, *13 Mars 1935.*

« SI les travaillistes étaient au pouvoir au moment d'une attaque sur Londres et s'ils répétaient ce qu'ils ont dit aujourd'hui, ils seraient pendus au plus prochain réverbère et le ressentiment du peuple serait justifié. »

Ce passage du discours de M. Baldwin à la séance des Communes sur le *Livre blanc* fait très bon effet. Il est malheureusement douteux que ce soit autre chose qu'un effet oratoire.

De 1914 à 1918, les Gothas venaient plusieurs fois par semaine attaquer et bombarder Londres. Ce fait n'a rien changé ni à l'opinion des travaillistes ni à celle des électeurs qui votent pour les travaillistes. Comme le parti. S. F. I. O. en France, *le Labour Party* travaille dans le pacifisme dont le rendement électoral est excellent et certain.

À quel réverbère avait-on pendu les membres du cabinet Asquith qui avaient donné leur démission plutôt que d'approuver l'intervention de l'Angleterre après la violation de la neutralité belge ? Ce réverbère n'est pas encore fondu.

S'il l'était, peut-être conviendrait-il d'y accrocher d'abord, au moins en effigie, ceux qui, tant en Angleterre qu'en France ont laissé les choses venir au point que marque le *Livre blanc* du gouvernement britannique.

Si l'Allemagne s'est armée, si le militarisme prussien est ressuscité, si le péril de la guerre renaît, la faute en est bien à quelque chose et à quelques-uns. Les armements de l'Allemagne exigent des précautions et des efforts de la part des autres pays. Il faut refaire ce qu'on avait déjà dû faire avant 1914. Il y a là, sans doute, quelques responsabilités.

On ne voit pas que les responsables, ni chez nous ni chez les Anglais, aient beaucoup d'ennuis. Il leur arrive même d'être aux honneurs, où ils sont arrivés, comme les autres, en promettant la paix perpétuelle et, de plus, en assurant que le nationalisme allemand et Hitler étaient de vains fantômes.

L'Action française, *13 Mars 1935*.

Chapitre 80

La politique de conciliation

La Liberté, *23 mars 1935.*

ON nous avait dit que l'Allemagne était nerveuse, inquiète, troublée par l'audace de son Führer. Il n'y paraît pas et il n'y avait pas de quoi.

M. de Neurath a répondu avec beaucoup de sang-froid aux protestations que lui ont apportées les ambassadeurs de France et d'Italie. Il eût peut-être fait comme le chancelier Bethmann-Hollweg en 1914, il eût peut-être perdu contenance si l'ambassadeur de Grande-Bretagne était venu lui dire que le cabinet de Londres cette fois se fâchait.

Mais, avec quelques nuances, quelques différences en plus ou en moins, le gouvernement britannique et l'opposition sont d'accord, en réalité, pour aller jusqu'à l'extrême limite de la conciliation. C'est le sens qu'il faut attacher à la visite de sir John Simon chez Hitler et à l'offre qui sera faite à l'Allemagne de prendre part au Conseil où les anciens alliés examineront la question de son réarmement.

La politique anglaise s'efforce encore de contenir le Reich par une convention de limitation des forces militaires, de telle sorte que s'il refuse ou s'il ne tient pas ses nouvelles promesses, il sera à fond dans son tort tandis que devant son opinion publique et ses Dominions le gouvernement britannique apparaîtra comme irréprochable. Cette méthode a malheureusement pour conséquence d'encourager l'Allemagne et de la convaincre que l'intimidation réussit à merveille. C'est ainsi que l'on va aux collisions.

Malheureux insensés qui croient encore que des pactes seront efficaces et qui veulent se persuader que si l'Allemagne se donne une armée, c'est pour ne jamais s'en servir !

La Liberté, *23 mars 1935*.

Chapitre 81

L'oubli du passé?

Candide, *20 juin 1935*

Le président de la British Legion ayant eu l'idée d'envoyer une députation à Berlin en a demandé l'autorisation au prince de Galles qui l'a approuvé en ces termes : « J'ai le sentiment que personne n'est plus qualifié pour tendre aux Allemands la main de l'amitié que nous autres, anciens soldats du front, qui avons combattu contre eux pendant la guerre mondiale et qui, aujourd'hui, avons tout oublié de ce passé. »

Nous nous permettons très respectueusement d'être d'un autre avis que le futur roi d'Angleterre.

Ce serait sans doute une plaisanterie indécente d'observer que, si tout est oublié, la British Legion n'a qu'à se dissoudre, étant donné que, par son existence même, elle rappelle des épreuves pénibles.

Quelque chose de plus sérieux semble échapper à l'attention. L'apôtre de la paix, Aristide Briand lui-même, n'y avait pas pensé quand déjà, avec Stresemann, il parlait de la camaraderie de ceux qui s'étaient durement entrechoqués sur la ligne de feu.

Que font les soldats qui furent ennemis et qui fraternisent ? D'abord, comme leurs associations elles-mêmes, ils entretiennent le culte du passé au lieu de l'abolir par le silence. Ils semblent même éprouver un certain plaisir à évoquer la gloire des combattants. C'est le mot héroïque de *l'Énéide :* « Peut-être, un jour, vous sera-t-il agréable de vous rappeler ces choses », ou, en traduction vulgaire : « Si vous en revenez, cela vous fera des souvenirs. »

Mais surtout ces anciens combattants qui se serrent la main idéalisent la guerre. Ils effacent ce qu'elle a eu de laid. Ils la font paraître sous l'aspect généreux et noble. Ils exaltent le sentiment de l'honneur militaire. Ils ressuscitent la chevalerie.

Pendant les hostilités, le kronprinz faisait des politesses aux généraux français qui commandaient en face de lui et leur envoyait son portrait avec une dédicace aimable. Alors, ces marques d'estime par-dessus les tranchées étaient mal reçues, On répondait : « Pas de Fontenoy ! Messieurs les Allemands, il ne fallait pas tirer les premiers. Votre guerre n'est plus la guerre courtoise ni la guerre en dentelles. »

Est-ce qu'à son insu le prince de Galles ne serait pas, comme son cousin Hohenzollern, sous l'influence des vieilles traditions ? Il est beau que de vieux adversaires s'honorent à la façon des Russes et des Français après le siège de Sébastopol. C'est peut-être trop beau car c'est le moyen d'honorer et d'offrir en exemple ce qu'ils ont fait, sans compter que le salut de l'épée suppose qu'on tient encore l'épée.

Candide, *20 juin 1935*

Chapitre 82

Un homme à succès

L'Action française, *22 juin 1935*.

Tous nos compliments à Hitler. Lui, un brutal ? Lui, un butor ? Allons donc, c'est un diplomate-né. Au surplus, l'adresse avec laquelle il s'était introduit au pouvoir sans courir les risques d'un coup de force était un signe. On le raillait déjà, on mettait en doute son énergie, son courage, sa volonté, on disait qu'il reculait devant une marche sur Berlin imitée de la marche sur Rome lorsque, par des moyens à lui, il était déjà sûr d'entrer dans la place que lui ouvrait Hindenburg.

C'est très fâcheux. Mais chaque fois qu'il a été annoncé soit que le mouvement hitlérien fût en recul, soit que le chef fût en échec, on n'a pas tardé à s'apercevoir que le Führer avait pris son élan pour un nouveau succès.

À Stresa, il n'y a pas plus de quelques semaines, il semblait écrasé par une coalition. Il y a ouvert la brèche de Londres. Il a conclu une sorte de paix séparée avec la communauté britannique. Ce n'est pas maladroit.

Il l'est encore moins de ne pas imiter le mulet qui faisait sonner ses sonnettes.

Hitler vient d'accomplir ce qu'il avait annoncé. Il avait promis aux Allemands un rapprochement avec l'Angleterre pour en arriver à l'isolement de la France. C'était écrit au programme de *Mein Kampf*. Le premier résultat atteint par l'accord de Londres, Hitler se garde de triompher. Au contraire, l'ordre est donné à la presse allemande d'éteindre et de rassurer. L'administration de l'opium, commencée avec les Anglais, continue avec les Français.

Mais puisqu'il est reconnu que l'intention était bien d'éloigner ceux-ci de ceux-là, il serait naïf de se prêter au jeu et de combler les désirs du Führer. Pas de dépit ! Les Anglais se trompent peut-être et peut-être la révélation de leur erreur sera-t-elle dramatique. Nous nous punirions nous-mêmes si nous croyions prendre sur eux une sorte de revanche ou leur jouer un bon tour en traitant avec l'Allemagne dans un petit coin.

La recherche d'autres alliés, la quête du Kremlin, n'a pas été si heureuse. L'amitié des Soviets n'a pas été un bienfait des dieux. Quoi qu'on dise, elle n'a pas été sans effet sur le gouvernement britannique. Elle n'a pas moins contribué à le rapprocher du Reich que le pacte à quatre et les pactes de l'Europe orientale n'avaient contribué à ramener la Pologne vers Berlin.

Il reste une faute à commettre. C'est de renoncer à l'Angleterre. Car elle en reviendra.

L'Action française, *22 juin 1935.*

Chapitre 83

De Sir John à Sir Samuel

L'Action française, *27 juin 1935*.

LORSQUE M. Baldwin a remanié son ministère, il a remplacé sir John Simon par sir Samuel Hoare. Un conservateur pur a succédé aux Affaires étrangères à un libéral unioniste. Et le conservateur est allé plus loin que personne avant lui dans le sens de l'Allemagne au point qu'il a conclu avec elle un accord séparé.

Quelles que fussent les idées générales de sir John Simon, quels que fussent ses sentiments, le libéralisme tempérait chez lui la germanophilie. Il ne goûtait ni Hitler ni les méthodes hitlériennes. Quand il était allé à Berlin, il avait essayé de vaincre sa répugnance et, en partant, après un séjour abrégé, il n'avait pu cacher que le Führer lui avait déplu.

Nous ne connaissons pas assez son successeur pour affirmer que sir Samuel Hoare n'a pas le même genre d'aversion. C'est toutefois possible. Ainsi s'expliquerait la conclusion si rapide de l'accord de Londres qui accroît immensément le prestige d'Adolphe Hitler en Allemagne et en Europe et qui fait de M. de Ribbentrop, courtier longtemps raillé et traité en mouche du coche, non seulement un très honorable gentleman, mais un diplomate heureux.

Sir Samuel Hoare serait seul à pouvoir dire, s'il le mesure lui-même, jusqu'à quel point ses sentiments conservateurs l'ont déterminé à s'entendre avec Hitler. Quand la propagande des nazis assure que le IIIe Reich est une forte citadelle contre le bolchevisme, elle trouve peut-être plus d'écho que l'on ne pense. Et l'alliance de la France avec les Soviets n'est pas sans éloigner de nous l'Anglais traditionnel qui joint l'horreur de la Révolution à un vieux préjugé contre la Russie.

Ces sympathies et ces antipathies n'ont rien de commun avec l'équilibre des forces navales, si bien qu'en Angleterre on commence à se demander si l'accord de Londres n'est pas un marché de dupes. Nous aurions pu en avertir nos voisins s'ils nous avaient consultés au lieu de nous faire part du fait accompli d'une façon aussi courtoise que vaine.

C'est une petite faiblesse des Anglais de ne prendre l'avis d'autrui que par exception et d'écouter les raisons que nous pouvons leur donner d'une oreille aussi distraite que le récit des incarnations de Vichnou par un indigène. Pour les convaincre, il faudra des événements et des événements qui frappent fort. L'accord de Londres contient d'ailleurs tout ce qu'il faut pour en amener de tels.

L'Action française, *27 juin 1935*.

Chapitre 84

Le dieu de Genève

Éclair de Montpellier, *25 septembre 1935.*

IL y a peu de pays dont la politique soit plus opportuniste que celle de l'Angleterre et, par conséquent, qui soit plus dénuée de principes. C'est ce qui a fait accuser si souvent la « perfide Albion » de duplicité, car justement ce sont des principes moraux qu'elle invoque quand son intérêt est en jeu. D'où le mot spirituel que l'on appliquait jadis à Gladstone : « Il a toujours un bon tour dans son sac, mais il dit que c'est Dieu qui l'y a mis. »

Cette fois, ce n'est pas la Providence céleste qui est invoquée, mais cette Providence terrestre qui s'appelle la Société des Nations.

Au nom du Pacte essentiel de la Société des Nations, pacte que nul gouvernement britannique n'a fait jouer dans les circonstances précédentes, l'Angleterre rassemble sa flotte dans la Méditerranée et dans la mer Rouge. Ce grand branle-bas de combat est destiné à intimider l'Italie.

Quelle que doive être la suite, ce sont incontestablement des mesures de guerre, ou qui prévoient la guerre. Du jour au lendemain, l'Angleterre pacifiste, si pacifiste qu'elle acceptait le réarmement même naval de l'Allemagne, passe à une attitude belliqueuse.

Il n'y a pas là de sa part contradiction ou inconséquence. En 1914, à la veille de son intervention, elle était encore si pacifiste que Guillaume II et son chancelier s'y trompèrent. Avec la marche des armées allemandes en Belgique et sur Anvers les grands intérêts de l'Empire

L'Angleterre et l'Empire Britannique

britannique furent menacés. La décision du cabinet de Londres ne tarda plus. Pourtant la violation de la neutralité belge était seule invoquée.

Aujourd'hui le véritable mobile de la politique anglaise n'est avoué que par un tout petit nombre de publicistes indépendants. Par exemple, Hilaire Belloc écrivait l'autre jour avec une franchise brutale : « Laissons là les grandes théories morales. Pareille hypocrisie est de règle en cette matière. Une grande puissance européenne établie sur les hauteurs de l'Abyssinie, commandant l'entrée de la mer Rouge, l'alimentation du Nil, les communications entre nos possessions africaines du Nord et du Sud, transformerait complètement la situation militaire de la Grande-Bretagne, et la transformerait en pire indéfiniment. »

Une autre clef de la politique anglaise vient de nous être livrée. On ne nous annonce pas seulement que Gibraltar est mis sur le pied de guerre et que les plus belles unités de la flotte britannique croisent devant Port-Saïd. *L'autre nouvelle, c'est que les élections générales auront lieu au mois de novembre ou de février, au plus tard.*

Ces élections, qui ne pouvaient plus être très longtemps différées, le ministère Baldwin hésitait à en fixer la date. Il avait de sérieuses raisons de craindre que l'opposition travailliste ne lui taillât des croupières ou même ne bâtit la majorité conservatrice qui forme le fond du gouvernement d'Union nation.

Il y a longtemps que la panique causée par la chute de la livre sterling est oubliée. Il fallait un autre tremplin électoral aux conservateurs. L'affaire d'Éthiopie le leur procure à point.

Non seulement le pavillon britannique est engagé, mais la partie la plus avancée de l'opinion publique a pris parti contre l'Italie et pour la « guerre à la guerre ». Le gouvernement national-conservateur se trouve donc dans le sens même de l'opposition. De plus, il ajoute à cette occasion magnifique celle-ci, qui ne l'est pas moins, de pouvoir procéder à l'augmentation des forces militaires de la Grande-Bretagne avec cette raison ou ce prétexte qu'il s'agit de refréner l'impérialisme et le fascisme italiens.

C'est bien le fameux tour qui était dans le sac de Gladstone et le dieu de Genève l'y a mis.

Éclair de Montpellier, *25 septembre 1935.*

Chapitre 85

À quoi tient la paix du monde

L'Action française, *20 octobre 1935*.

GAGNER du temps est souvent tout gagner. Mussolini, qui le pense, n'est pas d'Italie pour rien. Si, pour la vigueur et la décision, il n'est en retard sur personne, pour le calcul et la prudence il rendrait des points à beaucoup.

Il ne semble guère que l'on voie ce qui pourtant s'étale en plein jour. Le Duce s'est gardé de couper les ponts avec la Ligue, c'est-à-dire qu'il ne les a pas coupés avec l'Angleterre. Il a même déclaré qu'il acceptait les sanctions économiques. C'est peut-être parce qu'il ne croit pas qu'elles soient applicables, et il a des raisons de le croire. Mais cette attitude lui donne les avantages de la modération et surtout lui permet de ne pas offrir de prise.

Quant à un accord rapide et complet, il n'y croit pas non plus, et il a encore raison de n'y pas croire. Qu'il y ait une détente entre Londres et Rome, c'est certain. Mussolini n'a rien négligé de ce qu'il fallait faire pour l'amener sans perdre lui-même la face. Mais on a tort, par la répétition d'une manœuvre aussi suspecte que fatigante, d'annoncer sans cesse que tout va s'arranger demain, alors qu'une circonstance, aussi visible, elle aussi, que le nez au milieu du visage, fait obstacle à un arrangement immédiat.

Des élections générales auront lieu en Angleterre au milieu du mois de novembre. D'ici là, selon l'expression d'un journal italien, « le gouvernement conservateur ne veut pas se laisser dérober par l'opposition travailliste l'arme de la démagogie genevoise ». M. Baldwin le veut d'autant moins qu'il s'est décidé à convoquer les électeurs et les électrices pendant que la guerre à la guerre faisait recette et que la croisade contre le fascisme retirait le pain de la bouche aux gens du *Labour Party*.

Les conservateurs jouent sur les deux tableaux, puisque, tout en gardant auprès des portions excitées du public anglais l'avantage des mesures de rigueur dont le cabinet a pris l'initiative contre l'Italie, ils ménagent cette autre portion (du reste, surtout la leur propre) à qui une guerre de propagande répugne autant qu'à nous. Mais si les résultats du scrutin allaient détruire les espérances de M. Baldwin et de ses collègues, qu'arriverait-il ?

Les socialistes ont renvoyé, en le couvrant de fleurs, leur président Lansbury qui ne voulait d'aucune sorte de guerre. Supposons qu'ils aient la majorité. Supposons qu'ils reviennent au pouvoir. Ne supposons pas, car c'est peu vraisemblable, que d'ici là le différend avec l'Italie ait été entièrement réglé. Le *Labour Party* ne sera-t-il pas entraîné sur la voie belliqueuse ? La paix reste à la merci de l'oracle qui va sortir des urnes. En dernier lieu, la voix de quelques vieilles filles anglaises décidera peut-être du sort du monde.

O Jonathan Swift ! O Lawrence Sterne ! Comme voilà toutes vos bouffonneries dépassées !

L'Action française, *20 octobre 1935*.

Chapitre 86

La situation diplomatique après le coup de force de l'Allemagne

Le Capital, *22 mars 1935.*

LE rétablissement du service obligatoire en Allemagne a peut-être été une surprise pour le public mais non pour les gouvernements. C'est en partant de là qu'il convient d'examiner la situation diplomatique telle qu'elle se présente à la suite de cet événement.

*
* *

Les hommes qui sont à la tête du gouvernement britannique sont probablement ceux qui comprennent le mieux la situation et qui sont aussi les mieux disposés à l'égard de la France. *Leur méthode est de ne se donner aucun tort et de les laisser tous à l'Allemagne.* C'est donc qu'ils pensent que l'Allemagne s'en donnera. En tous cas, nous devons le prévoir, étant beaucoup plus directement menacés que les Anglais.

De l'aveu général, l'Europe est revenue à des conditions qui ne ressemblent que trop à celles de la Période qui a précédé 1914 et l'on doit se souvenir que l'Angleterre, au cours de cette période, était déjà allée aussi loin qu'elle le pouvait dans l'Entente cordiale avec la France et aussi loin qu'elle le pouvait dans les ménagements pour l'Allemagne. En 1914, elle n'intervint qu'après la violation de la neutralité belge, c'est-à-dire lorsque l'Allemagne se fut mise dans son tort d'une manière manifeste et éclatante. D'où l'on peut conclure qu'une autre fois *le gouvernement britannique attendra encore le drame ou le crime après lequel l'opinion publique sera soulevée* tandis que l'instinct des intérêts traditionnels du peuple anglais se réveillera. En 1793, l'Angleterre avait déclaré la guerre à la Révolution française qui avait à la fois guillotiné Louis XVI et envahi la Belgique. Le prétexte moral s'unissait à la raison politique, le régicide ayant joué alors le même rôle que, cent vingt ans plus tard, le « chiffon de papier ».

Cependant il est immanquable que l'Allemagne poursuive elle-même les épreuves de force. Elle s'est donnée une armée qui sera bientôt, si elle ne l'est déjà, la plus puissante de l'Europe et peut-être du monde. On se tromperait beaucoup si l'on s'imaginait qu'elle ne dût jamais s'en servir.

On aurait à le regretter, comme on regretta d'avoir cru ce chancelier de *Guillaume II qui*, en 1913, après l'augmentation des effectifs allemands, expliquait philosophiquement que le Reich devait avoir beaucoup de soldats comme la *Reichsbank* avait une réserve d'or, c'est-à-dire pour accroître son crédit, ce qui était la garantie qu'elle ne toucherait jamais à cette encaisse.

Pas plus aujourd'hui qu'alors, l'Allemagne ne se munit d'une grande force militaire pour n'en rien faire. D'ores et déjà elle dispose d'une supériorité qui la met à l'abri des sanctions. Il n'est pas difficile non plus de remarquer qu'elle procède méthodiquement. Les clauses financières du traité de Versailles ayant été abolies d'abord, les clauses militaires ensuite, il ne reste plus que les clauses territoriales. Pour les supprimer à leur tour, l'Allemagne jettera son armée dans la balance.

Il ne s'agit donc plus de regarder vers le passé, mais vers l'avenir, et sans doute vers un avenir prochain. Contre le fait accompli d'hier, on ne peut plus élever qu'une protestation de principe. Il faut prévoir le fait que l'Allemagne accomplira demain et savoir si l'on se résignera à

L'Angleterre et l'Empire Britannique

le subir aussi, qu'il se produise en Autriche ou ailleurs.

Seule l'existence d'une coalition résolue serait capable de conseiller la prudence à l'Allemagne et de l'empêcher de passer aux actes. L'attitude restrictive de l'Angleterre, à laquelle il n'y a que très peu d'espoir de rien changer avant un coup de tonnerre, fait douter qu'on puisse exercer sur les Allemands cette crainte salutaire. Or, une coalition européenne dans laquelle la Grande-Bretagne ne figure pas n'a ni âme ni caisse.

Il reste pourtant à en préparer et à en rassembler les éléments. À cet égard, et pour le succès d'une entreprise nécessaire, *la France doit, de son mieux, garder, à toutes fins utiles, le contact avec l'Angleterre et l'étendre avec l'Italie.* Entre ces deux pays, nous occupons une position médiane, tandis que l'Italie se trouve à la charnière de l'Europe occidentale et de l'Europe centrale et orientale. Rien n'est donc plus opportun qu'un rapprochement très étroit entre les Italiens et les Yougoslaves. C'est un travail qui consiste à souder une à une les mailles d'une chaîne, le même travail de patience auquel *Théophile Delcassé* s'était voué jadis et qui porta ses fruits au jour du grand péril.

*
* *

La dernière des illusions, la pire serait de se figurer que, désormais, les choses pourront s'arranger toutes seules et qu'ayant déjà fait tant de chemin l'Allemagne s'arrêtera en route. Elle a vu, comme nous l'avons vu nous-mêmes, que le coup qu'elle a porté en rétablissant le service obligatoire, loin de produire des réactions vigoureuses, était accueilli avec une certaine résignation comme un événement inévitable. Elle peut même penser que la possession d'une grande supériorité de forces lui vaudra plus d'amis que d'adversaires. *Prenons garde, en tout cas, que les dés sont jetés et qu'ils vont rouler pour tout le monde.*

Jacques Bainville

L'Angleterre et l'Empire Britannique

www.ingramcontent.com/pod-product-compliance
Lightning Source LLC
Chambersburg PA
CBHW071002160426
43193CB00012B/1880